广东省自然科学基金项目"广东服务业对外直接投资的风险防范及投资绩效研究"(项目编号：2018A030313953，项目主持人：钟晓君)

教育部人文社会科学研究项目"服务企业异质性视角下中国服务业国际化模式及经济效应研究"(项目编号：15YJC790156，项目主持人：钟晓君)

本专著同时受"广东技术师范大学优秀学术著作出版基金"资助出版

服务业国际直接投资的经济效应研究

钟晓君◎著

中国社会科学出版社

图书在版编目(CIP)数据

服务业国际直接投资的经济效应研究/钟晓君著. —北京：中国社会科学出版社，2020.12
ISBN 978-7-5203-6949-7

Ⅰ.①服… Ⅱ.①钟… Ⅲ.①服务业—国际直接投资—研究—中国 Ⅳ.①F719

中国版本图书馆 CIP 数据核字（2020）第 150179 号

出 版 人	赵剑英
责任编辑	王　曦
责任校对	李斯佳
责任印制	戴　宽

出　　版	中国社会科学出版社
社　　址	北京鼓楼西大街甲 158 号
邮　　编	100720
网　　址	http://www.csspw.cn
发 行 部	010-84083685
门 市 部	010-84029450
经　　销	新华书店及其他书店
印刷装订	北京君升印刷有限公司
版　　次	2020 年 12 月第 1 版
印　　次	2020 年 12 月第 1 次印刷

开　　本	710×1000　1/16
印　　张	15
插　　页	2
字　　数	201 千字
定　　价	86.00 元

凡购买中国社会科学出版社图书，如有质量问题请与本社营销中心联系调换
电话：010-84083683
版权所有　侵权必究

谨以此书献给我亲爱的父亲

摘　　要

　　服务业国际直接投资作为资本、技术、管理经验与知识文化的集合体，对流入地服务业产业成长（经济增长）产生了深远影响。本书探究了始于阐释制造业国际直接投资动因的各种经典文献对外直接投资理论对服务业的适用性，深化服务业国际直接投资动因的理论研究，为本书的研究建立了理论背景和铺垫。在此基础上，本书建立起服务业国际直接投资影响服务业产业成长（经济增长）的理论分析框架：服务业国际直接投资通过技术变迁和要素积累对服务业产业成长（经济增长）施加影响。服务业国际直接投资引起的技术变迁体现在服务业国际直接投资通过技术效应，影响服务业的投入产出效率。服务业国际直接投资的流入还将改变服务业要素积累状况，对劳动力供给和国内资本积累施加影响。本书从理论与实证两个层面，对服务业国际直接投资的经济效应进行详尽探讨。

　　本书首先考察服务业国际直接投资的技术效应。本书认为，服务业国际直接投资通过竞争、示范、产业关联和人力资本流动四种途径发挥其技术效应。实证研究结果显示，服务业国际直接投资显著促进广东服务业全要素生产率的提高和技术进步，对技术效率却没有显著影响。然而，服务业国际直接投资对广东服务业全要素生产率和技术进步的促进作用存在一定"门槛效应"，只有当内资服务企业越过技术门槛后,服务业国际直接投资的正向技术效应才能完全显现出来,平均而言,广东内资服务企业完全越过技术门槛需要的时间为4—5年。面板随机系数模型估计结果表明流入不同服务行业的国际直接投资对各行业的技术效应具有不同的效果。

其次,本书分析服务业国际直接投资的要素积累效应。其一,劳动力要素方面,本书从服务业国际直接投资对劳动力数量和劳动力质量的影响两方面进行分析。从劳动力数量看,服务业国际直接投资通过短期就业效应和长期就业效应对流入地的服务业劳动力数量产生影响。服务业国际直接投资的总就业效应是短期就业效应和长期就业效应作用于服务业就业市场综合效果的集中体现,是短期和长期就业效应共同作用的结果。实证研究结果显示,服务业国际直接投资带来的短期就业效应为负而长期就业效应为正。从劳动力质量看,服务业国际直接投资对服务业职工实际工资水平具有微弱的正效应;细分服务行业的考察发现服务业国际直接投资提升了广东生产者服务业职工的实际工资水平,降低了广东传统消费性服务业职工的实际工资水平。服务业国际直接投资并不利于广东各服务行业收入差距的缩小和收敛,反而进一步扩大了生产者服务业和消费性服务业的收入差距。其二,资本要素方面,从整体层面看服务业国际直接投资对国内资本表现为挤入效应,但从时序维度进行进一步分析可以发现,服务业国际直接投资在短期对服务业国内投资具有挤出效应,在长期对服务业国内资本具有挤入效应。细分服务行业的考察表明流入不同服务行业的国际直接投资对行业的国内资本具有不同的影响。

在拓展研究部分,本书对服务业国际直接投资与服务业内部结构变动的关系进行考察。服务业国际直接投资通过资本补缺、知识溢出以及优化居民消费需求结构对流入地服务业内部结构产生影响。实证研究结果显示:服务业国际直接投资显著促进了广东服务业内部产值结构和就业结构的优化与升级,服务业国际直接投资与服务业内部产值结构之间存在双向因果关系,与服务业内部就业结构存在单向因果关系。服务业国际直接投资是服务业内部结构升级的重要推动力,广义脉冲响应函数轨迹图从动态时序维度证实了上述判断。

本书对影响服务业国际直接投资的因素进行理论探讨与实证检验。ARMA模型分析结果表明:人口密度、居民消费需求状况、制造业国际直接投资水平是服务业国际直接投资最重要的影响因素。由于上述三个因素都和需求有关,本书认为服务业跨国公司对广东服务业的直接投资主要是需求导向型的。

在上述分析的基础上,本书从促进服务业产业成长与服务业引资的角度,提出相关政策建议。

Abstract

Foreign direct investment in service industry has a profound impact on service industry growth (economic growth) as a combination of capital, technology, managerial experience and knowledge. This book explores the applicability of the classical theories interpreting the motivation of manufacturing foreign direct investment to service industry, which deepens the theories that explain the motivation of service foreign direct investment (service FDI), and establishes the theoretical background and bedding of the dissertation. On this basis, this book establishes an analysis framework of service FDI influencing service industry growth (economic growth): Service FDI exerts influence on service industry growth (economic growth) through technology changes and element accumulation. Technology changes caused by service FDI is reflected by the impact that service FDI exerts on input and output efficiency of service industry through technical effect. Service FDI will also change the condition of element accumulation through exerting impact on labor supply and domestic capital. This book will make in-depth discussion on the economic effects caused by service FDI from the theoretical and empirical aspects.

This book discusses the technical effect of service FDI at first. We argue that service FDI exerts technical effect by four ways, that is, competition, demonstration, industry associations and human capital flow. The empirical results show service FDI has significantly positive effect on promoting TFP and technology progress of services industry, but no significant effect on the technology efficiency. However, "Threshold Effect" is existed. Only when domestic service enterprises in Guangdong cross the technical threshold, positive technical effect of service FDI could be completely revealed. On average, it takes 4 to 5 years for domestic service enterprises in Guangdong to cross the technical threshold. Estimation results of panel data random coefficient model show that FDI flowing into different service industries have different technical effect on each industry.

This book discusses the element accumulation effect of service FDI afterwards. (Ⅰ) Labor force element. In this part, we make analysis from two perspectives: impact of service FDI on quantity of labor force and impact of service FDI on quality of labor force. From the perspective of quantity of labor force, we argue that service FDI exerts influences on service employment market in inflow area via short-term and long-term employment effects. Total employment effect exerted by services FDI is a combination of the short-term and long-term employment effects. The empirical results show service FDI produces negative short-run employment effects and positive long-run employment effects. From the perspective of quality of labor force, we discover service FDI has a weak positive effect on the real wage level of the service employees. Analysis on subdivision service industry reveals that service FDI increases the real wages level of employees in the productive service industries, while reducing the real wages level of employees in the consumer services industries. Service FDI is not conducive to narrowing the income gap between different service industries in Guangdong; instead, service FDI further expands the income gap between productive service industries and consumer services industries. (Ⅱ) Capital element. In this part, we discover service FDI as a whole has crowding-in effect on domestic capital. Further study from temporal dimension we can find service FDI has crowding-out effect on domestic capital in the short run while crowding-in effect on domestic capital in the long run. Analysis on subdivision service industry reveals that foreign direct investment inflowing into different service industry has different effects on domestic capital of different service industry.

In expanding research part, we investigate the relationship between service FDI and internal structure of service industry. Service FDI influences internal structure of service industry by filling capital vacancy, spilling knowledge and optimizing the structure of consumer demand. The empirical results show that service FDI significantly promotes the optimization and upgrading of output value structure and employment structure of service industry in Guangdong. There exists bidirectional causality between service FDI and internal output value structure of service industry, while there exists only unidirectional causal relationship between services FDI and employment structure. Service FDI is an important driver of the upgrade of service industry's internal structure, and generalized impulse response function diagram confirms the judgment from the dynamic temporal dimension.

This book makes theory discussion and empirical test on the influencing factors of service foreign direct investment. Estimation results of ARMA model show that the population density, consumer demand and manufacturing FDI are the most important influence factors of service FDI. We argues that service multinational enterprises' direct investment in Guangdong is mainly demand-oriented, due to the above three factors are related to demand.

On the basis of above analysis, this book puts forward relevant policy suggestions from the perspectives of accelerating the development of service industry and promoting investment in service industry.

目 录

第一章　绪论 …………………………………………………………（1）
　第一节　本书背景与意义 …………………………………………（1）
　第二节　国内外研究综述 …………………………………………（4）
　第三节　本书研究内容 ……………………………………………（25）
　第四节　本书研究方法 ……………………………………………（27）
　第五节　本书创新之处 ……………………………………………（28）

第二章　服务业国际直接投资经济效应理论分析 ……………………（31）
　第一节　主要对外直接投资理论对服务业的适用性分析 ………（31）
　第二节　服务业国际直接投资经济效应理论分析框架 …………（41）
　第三节　本章小结 …………………………………………………（51）

第三章　广东服务业发展与服务业利用国际直接投资的
　　　　 现状特征 …………………………………………………（54）
　第一节　广东服务业发展的现状特征 ……………………………（54）
　第二节　广东服务业利用国际直接投资的现状特征 ……………（79）

第三节 本章小结 …………………………………………… (90)

第四章 服务业国际直接投资的技术效应 …………………… (95)
第一节 服务业整体利用国际直接投资的技术效应 ………… (95)
第二节 各细分服务行业利用国际直接投资的技术效应 …… (106)
第三节 本章小结 …………………………………………… (117)

第五章 服务业国际直接投资的要素积累效应 ……………… (119)
第一节 服务业国际直接投资对劳动力数量的影响 ………… (119)
第二节 服务业国际直接投资对职工工资的影响 …………… (125)
第三节 服务业国际直接投资的资本效应 …………………… (135)
第四节 本章小结 …………………………………………… (143)

第六章 拓展研究:服务业国际直接投资与服务业结构升级 …… (145)
第一节 服务业国际直接投资影响服务业内部结构的
作用机理 …………………………………………… (145)
第二节 服务业国际直接投资对服务业内部产值
结构的影响 ………………………………………… (150)
第三节 服务业国际直接投资对服务业内部就业
结构的影响 ………………………………………… (160)
第四节 本章小结 …………………………………………… (164)

第七章 服务业国际直接投资的影响因素 …………………… (166)
第一节 服务业国际直接投资影响因素的理论分析 ………… (166)
第二节 服务业国际直接投资影响因素的实证分析 ………… (177)
第三节 本章小结 …………………………………………… (189)

第八章　结论与政策建议 …………………………………（190）
　第一节　基本结论 ……………………………………………（190）
　第二节　政策建议 ……………………………………………（195）

参考文献 ………………………………………………………（204）

第一章　绪论

第一节　本书背景与意义

随着经济全球化的纵深发展和世界经济结构的调整，全球产业结构逐渐向服务业偏移，特别是1994年乌拉圭回合达成《服务贸易总协定》（GATS）以来，服务业获得迅猛发展并逐渐超过制造业，成为世界经济最具活力与增长最快的部门，全球经济扩张速度软化与服务化趋势明显，服务经济大潮涌向世界各国。同时，国际直接投资（FDI）重点也从制造业转向服务业，服务业国际直接投资占世界国际直接投资的份额已由20世纪90年代的不足50%增加到当前的70%左右，说明服务业已经成为当今国际直接投资结构的主流和主要承载体。

伴随后危机时代全球经济结构的再调整及以美国为代表的西方发达国家"再工业化"战略的实施，处于改革开放前沿的广东为了实现建设"和谐广东""幸福广东"的战略目标，必须重新审视当前正在发生深刻变化与调整的国际经济形势。当前广东正处于经济结构转型升级的关键时期，在企业用工成本不断上涨、土地租金日益提高、资源环境压力不断增大、国民对经济可持续发展诉求不断提升以及西方发达国家对进口需求减弱的背景下，继续过度依赖发展制造业对经济的拉动作用，推行出口导向型经济发展战略也许是行不通的。如何调整经济发展方向，成为政府必须考虑的重要课题。毋庸置疑，加快产业结构调整与优化进程，大力推进服务业发展是广东经济转型与持续保持平稳较快增长的关键。

凭借得天独厚的地缘、人缘以及政策优势，广东服务业发展水平连年位居全国首位。官方统计数据显示，2016年，广东服务业生产总值达到41816.37亿元，成为同年中国唯一服务业生产总值超过4万亿元的省份，显著高于国内其他省份服务业生产总值。国内省份横向比较显示，广东服务业在全国占据明显的发展优势，国内其他省份服务业发展难以望其项背。

纵向统计数据显示，广东服务业自改革开放以来获得迅猛发展：1978年广东服务业生产总值为43.92亿元；1984年突破百亿元大关，达到125.93亿元；1993年突破千亿元大关，达到1205.7亿元；2006年突破万亿元大关，达到11585.82亿元；2016年达到41816.37亿元。2016年广东服务业生产总值是1978年的952倍，1978—2016年年均增长率高达19.78%。显然，服务业日渐成为推动广东经济增长的最重要增长极，这在2008年国际金融危机爆发之后显得尤为明显。特别是2013年以来，广东服务业生产总值比重赶超第二产业，并且超越第二产业的差距迅速扩大，服务业业已成为广东经济的桥头堡，引领广东经济发展。

一个不容忽略的事实是，在广东服务业快速发展的进程中，服务业国际直接投资也呈现飞速递增势头。1986年，广东服务业实际利用国际直接投资1.35亿美元，2016年服务业实际利用国际直接投资达到160.88亿美元，这一数字是1986年的119.17倍，1986—2016年国际直接投资以年均17.3%的增长速度流入广东服务业。

服务业国际直接投资与服务业产业成长之间的这种协同性与相关性究竟是一种表面与偶然的统计现象抑或蕴涵深层与必然的经济规律？服务业国际直接投资对服务业产业成长产生了哪些效应？这些效应的

作用机理是怎样的？流入各细分服务行业的国际直接投资对各服务行业成长具有哪些不同的影响？这些问题的回答无论对于服务产业的健康快速成长抑或扩大服务业对外开放，都具有重要指导意义。

诚然，国际直接投资在加快服务业产业成长的进程中发挥着不可估量的作用。改革开放以来，随着广东全方位对外开放战略的实施以及从计划经济体制向市场经济体制的转轨，广东逐渐成为国际直接投资的理想投资地点，尤其是20世纪90年代以后，国际直接投资更是大举流入广东。服务业国际直接投资的流入，带来的不仅是资金，还通过技术、管理理念、服务技能、营销手段等"一揽子"生产要素的流入，促进服务企业生产率的提高，对广东服务业整体竞争力的提升与竞争优势的培育具有积极意义，对广东经济社会的快速与健康发展产生深远影响。

遗憾的是，鉴于数据的可获得性以及学者们长期以来对于制造业国际直接投资的偏向性关注，国内外学术界似乎忽略了对服务业国际直接投资的研究，使得关于服务业国际直接投资的研究一直滞后于国际直接投资当前大举流入服务业的实践。值得注意的是，现有针对中国服务业外商直接投资的研究大多以中国整体作为研究对象，缺乏针对某一特定区域的深入细致研究，但是由于中国幅员辽阔、各地经济发展极不平衡，以全国整体作为研究对象容易忽略中国具体区域的发展特点以及各地经济发展的差异性。因此，以广东这个处于改革开放前沿、服务业统计数据与资料较为翔实、服务业发展以及服务业引资水平居于全国前列的代表性区域作为研究对象，深入细致研究服务业国际直接投资的产业成长效应，并据此提出适用于推广至全国的服务业发展与引资规划，为全国提供利用服务业国际直接投资促进服务业产业成长的经验借鉴，无疑具有一定的理论价值与现实意义。此外，鉴于中国服务业统计数据的缺失，已有大多数研究以服务业整体作为研究对象，缺乏服务业内部细分行业的细致考察。然而众所周知，服务业内部各细分行业存在显著差别，既包括批发和零售业、住宿和餐饮业等劳动密集型服务行业，也包括交通运输、仓储和邮政业等资本密集型服务行业，还包括金融业，科学研究、技术服务和地质勘查业等知识密集型服务行业。显然，以服务业整体作为研究对象容易忽视了服务业内部各行业的这种异质性，从而不利于揭示各服务行业自身发展的内在规律，导致所提出的政策建议也存在一定的政策偏差。有鉴于此，本书将以细分服务行业统计资料较为健全的广东作为研究对象，对各细分服务行业利用国际直接投资对各服务行业的不同影响进行详细探讨。

基于以上思考，本书从服务业整体以及细分服务行业两个层面，深入探讨服务业国际直接投资的产业成长效应，充分发挥服务业国际直接投资对服务业成长的有利影响，规避其不利影响，为合理调整服务业国际直接投资的行业流向提供佐证，为经济的持续增长、产业结构转型升级以及服务业竞争优势的培育提供现实参考和依据，为服务业的科学发展与对外开放战略的制定提供理论导向与政策支持，也为中国服务业发展以及服务业引资提供借鉴。

第二节 国内外研究综述

一 有关服务业国际直接投资经济增长效应的研究

各种经典经济理论从不同的维度阐述了外国资本流入对当地经济增长的影响方式与途径。Rostow（1960）提出了著名的罗斯托起飞模型（Rostovian take-off model），指出一个经济体实现经济起飞的条件之一是具备足够的投资（生产性投资占国民收入比例达10%以上），引入国外资本能够增加当地投资比例，促进经济起飞。Chenery 和 Strout（1966）的双缺口模型认为发展中国家在经济增长过程中普遍存在储蓄缺口与外汇缺口，储蓄率的不足使发展中国家无法通过扩大投资促进生产能力的扩张，制约经济增长水平的提高；外汇缺口使发展中国家无法通过进口国外产品引进先进的生产设备与生产技术，阻碍经济健康发展。国外资本的流入能够同时填补储蓄缺口与外汇缺口，对经济增长具有促进作用。以 Adam Smith 为代表的古典经济增长理论强调资本、劳动、土地等生产要素对经济增长的重要作用，同时指出上述诸要素中资本积累的决定性地位。资本积累不仅能够提升分工效率，而且有利于生产技术更新改造。外国直接投资的流入能够促进当地资本积累与资本深化，为经济注入增长动力。由 Solow（1956）、Swan（1956）、Cass（1965）、Koopmans（1965）等学者开创与发展的新古典增长理论指出在资本边际收益递减规律作用下，资本只能对经济发挥水平效应（Level Effect），而非增长效应（Rate Effect），经济增长最终决定于外生的技术进步率。因此，国际直接投资只能在短期内影响经济增长水平。以 Romer（1986）、Lucas（1988）为代表的内生增长理论弥补以往增长理论将技术进步视为外生不变的缺陷，将技术进步内生化，指出国际直接投资产生的外部经济能够突破资本边际收益递减的约束，使经济实现长期内生增长。制度经济学派强调国际直接投资进入所诱发的制度变迁有利于降低交易费用、提高生产效率、促进经济增长水平提高。

  关于国际直接投资的增长效应，学者们最早关注的是国际直接投资整体的增长效应（Blomstrom et al.，1994；Borensztein et al.，1998；Zhang，2007；Hofmann，2013）。随着产业分工的演进以及研究的深入和细致，学者们开始将目光转向产业层面，但研究对象大多局限于制造业国际直接投资的增长效应（Aitken & Harrison，1999；Gorg & Strobl，2001；Lipsey，2003；Blalock & Gertler，2003；Lipsey，2004；Haskel et al.，2007）。虽然 20 世纪末世界经济逐渐由工业经济向服务经济过渡，并且有学者较早地关注了服务业对外开放对经济增长的影响

（Goldsmith，1969），但直到2000年以后，随着服务业利用外资比重的突飞猛进，服务业国际直接投资的经济增长效应才得到学者们的逐渐关注，特别是最近两三年以来，国内外学术界涌现出一批研究服务业国际直接投资经济增长效应的学术成果，对于这一课题的研究日渐成为理论界的热点问题。

  Bangor和Goldar（2004）对印度服务业利用国际直接投资情况以及服务业开放对印度其他产业的影响进行了实证研究，研究结论表明服务贸易自由化不但对印度服务业的发展具有积极影响，而且促进了工业产出的增长和生产率的提高。Mattoo等（2006）的研究发现电信与金融服务业完全自由化的国家比其他国家的经济增长率高出1.5个百分点，电信与金融服务业的开放对经济的增长具有显著促进作用。Eschenbach和Hoekman（2006）针对转型国家的研究表明服务业自由化政策改革与人均GDP增长率之间存在显著的正相关关系，服务部门的改革可以极大地提高经济增长速度和增长效率。Konan和Maskus（2006）运用可计算一般均衡模型对突尼斯的研究揭示服务业自由化能够增加经济增长的活力，为资本和劳动带来更高的实际回报率，放松服务业管制对经济增长具有重要意义。Jensen等（2007）基于可计算一般均衡模型针对俄罗斯的研究同样表明实行服务业自由化政策将使俄罗斯经济获益匪浅。Nandi和Sahu（2007）研究表明国际直接投资对印度零售业的发展具有积极作用。Whalley和Xin（2010）采用两阶段增长核算方法的估算结果证实了外资企业对中国经济快速增长发挥举足轻重的作用。Doytch和Uctum（2011）研究发现，金融业国际直接投资通过刺激制造部门和服务部门的经济活动，对东南亚、太平洋地区、高收入国家以及服务业为主体的经济体的经济增加具有积极促进作用。Barone和Cingano（2011）的研究同样表明放松服务业管制有利于促进产品增加值、劳动生产率以及出口的增长。Sirari和Bohra（2011）研究发现国际直接投资有助于提升服务部门的产量。Sen

（2011）验证了服务业国际直接投资对印度服务业经济增长具有积极作用。

　　国内研究方面，戴枫（2005）运用向量自回归模型以及格兰杰因果关系检验方法，对中国服务业发展与国际直接投资之间的关系进行考察，结论认为服务业国际直接投资对中国服务业的发展具有显著的促进作用。由于服务业统计数据不完善的原因，使用服务业协议利用国际直接投资额代替服务业实际利用国际直接投资额，但是由于协议利用外资额与实际利用外资额之间仍存在一定差别，因此采用协议外资额可能会影响结果的精确性。庄丽娟、贺梅英（2005）对服务业国际直接投资与经济增长的关系进行研究，研究结果显示服务业国际直接投资是经济增长的单向格兰杰原因，并且技术效应、就业效应和贸易效应是服务业国际直接投资对中国经济增长最为显著的增长路径。刘庆林、廉凯（2009）采用格兰杰因果检验和路径分析方法考察了服务业国际转移（服务业国际直接投资）对中国经济总量的影响，结论表明服务业国际转移能够通过技术、贸易和就业等路径推动中国经济总量增长。姜建平、赵伊川（2007）利用广义差分法修正普通最小二乘法回归中存在的自相关问题后的实证结论表明1994—2003年服务业利用外国直接投资与我国服务业增长之间存在显著的正相关关系。对于服务业国际直接投资数据的选择，该文采用的是服务业合同利用国际直接投资额，同样与服务业实际利用国际直接投资额存在一定的差异。黄卫平、方石玉（2008）利用普通最小二乘法检验了中国生产者服务业国际直接投资与经济增长之间的关系，结论表明生产者服务业国际直接投资是经济增长的格兰杰原因，并且显著促进了中国经济增长。矫萍（2014）指出生产者服务业国际直接投资对经济增长的促进作用在不断提升。傅强、王静（2014）研究结论表明，无论是生产者服务业外商直接投资抑或消费性服务业外商直接投资，都对经济增长具有促进作用。王军、刘璐（2015）采用协整分析和格兰杰因果检验证明，中国服务业总体增长与国际直接投资存在长期的正相关关系，并具有显著的格兰杰因果关系。支持服务业国际直接投资具有正向增长效应的研究还包括姚战琪（2012），陈景华（2013），胡国恒、宋跃刚（2013），钟晓君、李江涛（2016），等等。

由于各地经济发展状况迥异，一些学者开始将服务业国际直接投资增长效应的研究视角转向区域研究。曾国平、张清翠（2008）以西部九省份为研究对象，运用固定效应模型，实证研究了服务业国际直接投资对服务业经济增长的短期和长期影响，得出研究结论认为西部九省份服务业国际直接投资对服务业经济有一定的拉动效应，但是短期效应强于长期效应。该文用不同省份的不同固定效应（常数项）作为反映各省份服务业国际直接投资对该省份经济影响的不同效应似乎有失偏颇，更准确的做法应该是用不同省份服务业国际直接投资前的系数来反映。吴静（2007）针对长三角地区的实证研究结论表明服务业国际直接投资与服务业经济增长之间存在较强的正相关性。马元、刘婧（2008）利用贸易引力模型，采用天津市1990—2006年的数据对服务业国际直接投资与经济增长的关系进行实证研究，研究结论表明服务业国际直接投资促进了天津经济增长，其作用路径为促进技术进步和增加就业。张燕（2009）研究了服务业国际直接投资与北京经济增长的关系，研究结论表明北京服务业国际直接投资与GDP之间存在单向的格兰杰因果关系，服务业国际直接投资能够推动北京的经济增长。魏刚、谢臻（2008）的研究同样表明服务业国际直接投资促进北京服务业发展以及推动北京产业结构优化升级。刘志中（2010）的研究表明，服务业国际直接投资对辽宁经济增长的贡献相对较小，辽宁经济增长主要依赖于产业结构的调整及资本投入，服务业国际直接投资对辽宁经济的增长效应还有很大的提升空间。谭蓉娟、秦陇一（2009）针对珠三角的研究表明服务业国际直接投资对经济增长起到了正向的推动作用。

虽然大部分学者的研究结论表明服务业国际直接投资具有正向的经济增长效应，然而也有学者得出相反结论，认为服务业国际直接投资的增长效应不显著甚至为负。Alfaro（2003）采用跨国数据研究的结果显示不同产业的国际直接投资具有截然不同的经济增长效应，其中第一产业国际直接投资具有负的增长效应，制造业国际直接投资具有正的增长效应，而服务业国际直接投资的增长效应不明显。王小平（2005）采用双变量相关性分析的方法发现服务业国际直接投资与我国服务业增长率之间存在负相关关系，作者从样本容量小、服务业国际直接投资占我国服务业投资比重较低以及服务业国际直接投资仅是影响服务业增长的一个因素等方面解释其原因。赵玉娟（2011）实证研究结论认为服务业国际直接投资并没有对中国服务业产生技术溢出，综合技术进步效应为负，服务业国际直接投资通过技术进步效应对中国经济增长的综合作用是阻碍性的。对此，该作者从中国引进的服务业国际直接投资质量不高、服务业国际直接投资仅仅是以追逐利润为首要目的等方面进行了解释。王长义（2015）研究结论表明短期看，服务业国际直接投资及其构成部分对国内生产总值的促进作用较小，对服务业增加值具有负向作用。有学者认为在不同时间段，服务业国际直接投资的增长效应显著不同，例如王新华（2007）采用中国9个服务行业1997—2003年的面板数据，利用固定效应模型进行分析，结果表明，1997—2000年，服务业国际直接投资具有负的经济增长效应，而2001—2003年，服务业国际直接投资具有正的经济增长效应。还有学者从经济增长方式转变角度切入，认为外商直接投资对中国服务业经济增长方式的转变有显著的抑制效应（仲伟周、陈晨，2018）。

综合以上文献我们可以发现，现有大多数关于服务业国际直接投资经济增长效应的研究都将研究角度放在产业层面，甚少有研究者将研究角度放在服务业细分行业层面。查冬兰、吴晓兰（2006）在服务业国际直接投资对服务业细分行业经济增长的影响研究上做出了有益的探索，他们选取1998年至2003年江苏省房地产业、社会服务业、交通运输、仓储及邮电通信业、科学研究和综合技术服务业为研究对象，运用普通最小二乘回归分析的方法，对服务业国际直接投资对上述行业经济增长的影响进行实证分析，研究结果表明不同服务行业国际直接投资对行业经济增长有不同影响。Chaturvedi（2011）通过描述性分析表明流入印度计算机业、电信业、房地产业等服务部门的国际直接投资对上述行业的发展具有积极的促进作用。然而上述论文未囊括所有服务行业，分析样本数目也较为有限。钟晓君、刘德学（2014）基于所有细分服务行业视角的研究表明国际直接投资的增长效应在不同服务行业间存在较大差异，流入不同服务行业的国际直接投资对行业增长具有截然不同的影响。上述研究表明，对于服务业的研究，细分服务行业的研究具有重要的理论与实践价值，所得研究结论与对策也更加具有针对性，揭示出服务业国际直接投资研究的新动向是细分行业层面的细致研究。

二 有关服务业国际直接投资技术效应的研究

对外开放有利于产业技术进步的观点得到学者的普遍认同（Findlay，1978；Jones & Ruane，1990）。长期以来，学者们将注意力集中在国际直接投资对制造业生产率的影响上，结论普遍认为国际直接投资有利于促进制造业生产率的提高（Caves，1974；Ruane & Ugur，2005；Kohpaiboon，2006；Karpaty，2007；Sun，2011；Jordaan，2011；Fernandes & Paunov，2012）。然而Hale和Long（2011）针对中国的研究却发现国际直接投资的生产率外溢效应不明显。

在Fuchs（1965）提出服务经济生产率的概念之初，似乎并未引起经济学界的足够重视，而且传统观点普遍认为服务部门作为一个整体，比其他生产部门具有更低的生产率，增长速度也十分缓慢（Baumol，1967）。直到 20 世纪 80 年代以后，随着服务业的快速发展和日益重要，国内外学者才开始真正关注服务业的生产率问题（Thurow，1989；Gouyette & Perelman，1997；程大中，2003）。值得一提的是，关于服务业生产率的研究，国内外已有文献大多将服务业作为一个整体进行考察（杨向阳、徐翔，2006；杨勇，2008；刘兴凯、张诚，2010），极少有学者关注细分服务行业的生产率问题，王恕立、胡宗彪（2012）注意到了这一点，他们对中国服务业分行业生产率问题进行了详细探讨。

不难发现，这些研究的最终落脚点都放在如何促进服务业生产率的提升上。可见，促进服务业生产率的提升是一个十分棘手且具有重大理论与现实价值的课题。在影响服务业生产率提升的诸要素中，国际直接投资逐渐进入学者们的研究视野，国内外学者逐渐开始关注服务业国际直接投资的技术效应问题。

国外研究方面，Markusen（1989）运用比较静态模型研究发现，中间服务业国际直接投资自由化由于提高了利用其作为中间投入的最终产品部门的生产率，因此有利于东道国技术进步和经济福利的增加。Francois（1990）从生产者服务与分工的关系角度，建立理论模型证明服务业国际直接投资可以产生与比较优势有关的收益和效率，而且可以带来由于分工和专业化程度提高而导致的额外收益。Blind 和 Jung-mittag（2004）运用德国 2019 家服务企业数据，采用 Probit 模型进行实证研究，结论表明国际直接投资对企业的技术创新活动具有显著的促进作用。Griffith 等（2004）研究表明服务业跨国公司比英国本土服务企业具有更高的劳动生产率，并且更热衷于 R&D 活动。OECD（2006）研究表明服务业市场开放有利于降低服务业技术转移成本，并且能够提高服务企业技术吸收能力，从而有利于服务业技术扩散。Amiti 和 Wei（2006）发现服务外包对美国劳动生产率的提升具有显著正向作用。Miroudout（2006）研究了服务市场开放对于从发达国家到发展中国家的技术转让和技术扩散的影响，结论认为包括国际直接投资在内的服务自由化可促进外资企业和国内企业之间的知识交流，对于技术溢出具有显著的正向影响。Fernandes（2009）针对东欧转型经济体的实证研究结果表明服务业自由化对劳动生产率的提升具有积极作用。Jones（2009）指出降低服务业国际直接投资的市场准入，积极吸引服务业国际直接投资是提升韩国服务业生产率的重要途径。Sirari 和 Bohra（2011）针对印度的研究表明服务业国际直接投资有助于提高服务部门的劳动生产率。Barone 和 Cingano（2011）针对 OECD 国家的研究同样表明放松服务业管制有利于促进产品增加值与劳动生产率。

  国内针对这一课题的研究始于最近十年。刘星等（2007）采用协整分析方法考察了国际直接投资对中国服务业技术进步的影响，研究表明尽管国际直接投资在一定程度上促进了中国服务业的技术进步，但是其对中国服务业技术进步贡献不大，作者认为这与国际直接投资长期以来集聚于中国的劳动密集型行业有关。陈湛匀、忻蔚（2007）基于 C－D 生产函数建立相关理论分析模型，认为服务业国际转移能够有效提高移入国的技术水平，作者将这种效应归结为优化效应，并且认为转出国和移入国之间的技术级差会制约优化效应的发挥，但是同时指出，服务业在转出国和移入国之间的技术级差会远远小于制造业的技术级差。蒋萍、谷彬（2009）对中国服务业全要素生产率的增长率进行了分解，并考察了技术进步的演进过程，认为对外贸易与国际直接投资对服务业技术效率的提升具有促进作用。王艾敏（2009）利用基于数据包络分析的 Malmquist 指数测算河南新型服务业全要素生产率（TFP），并将其分解成技术效率指数与技术进步指数，在此基础上，作者利用脉冲响应函数和格兰杰因果关系检验考察了国际直接投资对河南新型服务业技术效率以及技术进步在时序维度的动态影响，研究结果表明，国际直接投资对河南新型服务业生产率的溢出效应主要是通过对技术效率的提升表征出来，对技术进步的促进作用并不明显。陈景华（2010）对包括技术效应在内的承接服务业跨国转移的各种效应进行理论和实证分析，文章认为承接国通过承接服务业的跨国转移，能够给本国的发展带来各种正面的经济效应。刘艳（2011）运用时间序列分析方法对生产者服务业国际直接投资与技术进步之间的关系进行了实证考察，研究表明无论是流量还是存量，生产者服务业国际直接投资都促进了中国总体经济的技术进步，但是生产者服务业国际直接投资与技术进步的相关系数还比较小，反映出目前生产者服务业国际直接投资对技术进步的促进作用并不是特别明显。赵玉娟（2011）分析了服务业国际直接投资促进技术进步的两条渠道，并对中国服务业国际直接投资的技术进步效应进行了实证考察，研究结论表明中国服务业国际直接投资并没有产生技术外溢，其技术进步效应主要是通过服务业外商投资企业提高自身相对要素生产率实现的；同时，服务业国际直接投资对中国的综合技术进步效应为负，服务业国际直接投资在一定程度上阻碍了中国的技术进步。何青松等（2012）考察了我国生产者服务业国际直接投资对工业企业的空间技术溢出效应，研究结果表明生产者服务业国际直接投资有显著的空间自相关性和正空间溢出效应。刘艳（2012）采用 DEA 方法将中国 13 个服务行业的全要素生产率增长分解为技术进步和技术效率的增长，在此基础上考察了服务业国际直接投资对服务业生产率的影响，研究结果表明服务业国际直接投资对服务业的全要素生产率、技术进步和技术效率的增长都具有显著的促进作用。王恕立、胡宗彪（2013）研究了服务业双向国际直接投资的生产率效应，认为内向国际直接投资对中国服务业生产率具有促进作用，而外向国际直接投资未表现出显著的正向溢出效应。王晶晶（2014）研究指出服务业国际直接投资有利于促进东道国全要素生产率，并且这种促进作用主要是通过提升技术效率实现的。王恕立、滕泽伟（2015）的研究显示服务业国际直接投资通过资本要素再配置效应对中国服务业产生显著的正向生产率溢出。徐宏毅等（2016）的研究表明，国际直接投资在生产者服务行业内具有正的溢出效应，而垂直溢出效应为负。王耀中、欧阳彪（2016）指出，服务业国际直接投资对技术进步的总效应为正。桑瑞聪等（2017）实证研究表明服务业国际直接投资对于服务业生产率具有显著的正向影响。其他支持服务业国际直接投资具有正向技术效应的研究包括陈娜（2012），原小能、杨向阳（2014），张如庆等（2014），庄惠明、郑剑山（2015）。还有学者认为服务业国际直接投资技术效应的作用机制反映在数学模型上并不是线性关系（李烁、王景河，2016），服务业国际直接投资与服务业技术效率之间存在着显著的倒 U 形关系（何枫，2011），然而周文博等（2013）的实证结论却对 U 形关系持怀疑态度。王恕立、王许亮（2017）进一步研究了服务业国际直接投资影响绿色全要素生产率的作用机制，并实证得出服务业国际直接投资抑制全国以及中西部服务业绿色全要素生产率的增长，而其对东部服务业绿色全要素生产率没有显著影响。韩玉军等（2016），周新生、玉洁（2017）则指出服务业国际直接投资能够提升出口技术复杂度。

已有成果为本书提供了有益的借鉴，但多数研究都缺乏关于服务业国际直接投资技术效应作用机理的详尽探讨，导致无法做出内部逻辑一致的理论解析。此外，现有针对服务业生产率的研究大多限于服务业整体效率的测算与演进分析，鲜有关于细分行业生产率及服务业国际直接投资技术效应的系统考察。然而，以服务业整体作为研究对象往往容易忽视细分服务行业发展的特性与差异性。本书不仅关注服务业整体利用国际直接投资的技术效应，还关注细分服务行业利用国际直接投资的技术效应，试图在服务业总体和细分行业两个层面提供服务业利用国际直接投资技术效应的经验证据。具体来说，本书拟在相关理论研究的基础上，从服务业整体以及服务业内部细分服务行业两个层面出发，在采用基于 DEA 的 Malmquist 指数测算出广东服务业整体以及细分服务行业全要素生产率并将其分解为技术进步指数和技术效率指数两部分的基础上，通过建立计量经济模型，将服务业国际直接投资以及其他控制变量引入分析框架，系统考察服务业整体以及细分服务行业利用国际直接投资的技术效应问题，探索出利用服务业国际直接投资提升服务业生产率的有效途径，提出利用国际直接投资促进服务业健康发展的政策建议。本书研究的基本目的在于，为正确理解服务业国际直接投资技术效应的形成机制，制定服务业对外开放和利用外资的战略优先次序和细分行业差别化待遇政策，从而引导国际直接投资在服务行业间的流向，有效支持我国服务业发展战略，推动服务业有序健康发展和竞争优势的形成，提供参考依据。

三 有关服务业国际直接投资就业效应的研究

关于国际直接投资的就业效应，目前国内外学者主要从两个方面进行研究：一是考察对劳动力数量的影响；二是考察对劳动力工资水平的影响。前者主要反映劳动力就业数量的变化，后者则主要反映劳动力人力资本水平与就业质量的变化。

（一）对劳动力数量的影响

现有研究结论普遍认为国际直接投资能够增加东道国的就业水平。Graham（2000）指出跨国企业的进入能够加大对东道国的劳动力需求。Mickiewicz 等（2000）对中欧四国的研究显示国际直接投资对就业产生显著的正效应。Nunnenkamp（2007）的研究结论表明国际直接投资有利于促进墨西哥制造业的劳动就业。Jayaraman 和 Singh（2007）利用自回归分布滞后模型对斐济利用国际直接投资与就业的关系进行实证研究，研究结果表明长期内国际直接投资是斐济就业的单向格兰杰原因，国际直接投资对斐济的就业存在显著的正向作用。万欣荣等（2005）针对广东就业市场的实证研究结论表明国际直接投资与就业之间存在显著正相关性，广东实际利用国际直接投资每增加1个百分点,就业人数将增加 0.123 个百分点。王剑(2005)通过建立联立方程模型的实证研究结论表明,国际直接投资给中国带来正的直接就业效应以及负的间接就业效应,其综合效应为正,国际直接投资每增长 1 个百分点将会带动实际就业增长 0.008 个百分点。

然而,上述观点并未得到学术界的一致认同,众多学者研究得出截然相反的结论,认为国际直接投资的流入减少了东道国的就业。桑百川(1999)指出,外商投资企业在吸收就业的同时,也会由于自身较高的资本有机构成制造出大量过剩人口,同时利用外商投资企业也会对内资企业资本有机构成的提高产生推动作用,从而影响社会就业总量,并在特定时期产生大量失业人口。Ernst(2005)指出国际直接投资并非创造就业的灵丹妙药,稳定的生产性投资流入才是一个国家经济可持续增长和创造就业的保障。竺彩华、胡再勇(2007)建立联立方程模型反映国际直接投资对东道国就业数量的影响,利用似无相关回归分析方法(SUR)估计结果表明国际直接投资每增加 1 个百分点,将导致我国就业下降 0.102 个百分点。作者从国际直接投资资本有机构成较高、国际直接投资劳动生产率较高、国际直接投资挤出国内资本等方面进行了阐释。杨扬等(2009)的研究表明国际直接投资对中国国有企业与集体企业的就业水平存在显著的负面作用。对此,作者从国际直接投资挤出了国内投资以及国有企业通过裁员增效来应对外资激烈竞争两个方面进行了解释。

针对不同学者得出截然不同的研究结论,一些学者研究认为国际直接投资在不同阶段对就业可能存在不同效应,因此不应该采用静态的观点考究国际直接投资与就业之间的关系,简单得出国际直接投资促进了就业抑或减少了就业的结论,而应该将这一课题放在动态视角下进行系统考究。钟辉(2005)通过理论分析认为国际直接投资在短期可以产生大量就业、中期对就业的影响不明确、长期能否对就业产生积极的影响则主要取决于内资企业能否有效吸收与利用外资企业产生的外溢效应。沙文兵、陶爱萍（2007）考察了改革开放以来国际直接投资与我国就业之间的关系，协整分析的结论显示长期内国际直接投资促进了中国就业的增长，误差修正模型显示在短期内国际直接投资减少了就业数量，国际直接投资对中国就业的影响是长期的吸纳效应和短期的挤出效应并存。陈冬亚（2008）针对中国西部地区的研究同样表明在短期内国际直接投资对西部地区的就业存在挤出效应，在长期里国际直接投资则对就业具有促进作用。

综合以上研究不难发现，现有研究主要将研究视角放在国际直接投资整体对就业的影响上，缺乏分产业利用国际直接投资对就业影响的研究，特别是服务业利用国际直接投资对就业的影响更是未得到学术界的充分重视，这一领域的研究仍然存在较大空白，研究成果很少。代表性研究成果诸如 Kulfas 等（2002）针对阿根廷的研究表明跨国公司对服务部门的就业带来负面影响。薛敬孝、韩燕（2006）的实证研究结论表明服务业国际直接投资对中国的就业弹性显著为负，作者认为原因主要是由于近年来国际直接投资逐渐流入对就业拉动作用有限的技术与资本密集型服务行业以及服务业国际直接投资对国内服务企业市场份额的挤占导致其对国内就业产生替代效应。查贵勇（2009）的研究支持服务业国际直接投资对就业带来负效应的观点。然而，也有学者研究得出相反结论，认为服务业国际直接投资对就业具有促进作用。Ernst（2005）发现服务业跨国公司的进入对零售业就业具有显著的积极作用。刘志中（2011）的研究表明服务业国际直接投资比重每增加1%，会导致服务业从业人员比重增加0.24%。Crinò（2010）采用准极大似然估计法估计结果显示服务外包增加了美国熟练劳动力的就业机会。Sirari 和 Bohra（2011）针对印度的研究同样表明服务业国际直接投资对劳动就业具有积极影响，服务业国际直接投资能够为熟练劳动力带来大量高工资的就业机会。钟晓君、刘德学（2011）对广东服务业国际直接投资就业效应的研究结论表明服务业国际直接投资的短期就业效应为负，而长期就业效应为正。王春艳等（2017）研究发现服务业实际利用外资对就业具有显著的正向影响。李杨等（2017）利用中国各省份的面板数据进行实证研究，表明现阶段中国服务业国际直接投资对就业具有显著的促进作用，但服务业国际直接投资对就业的影响在不同区域存在差异性。

毋庸置疑，上述为数不多的关于服务业国际直接投资对就业影响的文献为本领域的研究起到很好的抛砖引玉的作用，然而，已有文献对服务业国际直接投资对就业影响的作用机理仍没有进行详细探讨。本书将在以上研究的基础上，在剖析服务业国际直接投资对就业影响的作用机理的基础上，将服务业国际直接投资对就业的影响放在一个较长的时间区间进行系统考察，试图全面展现服务业国际直接投资对服务业就业的影响。

（二）对职工工资的影响

国内外学者针对不同的研究对象，运用不同的研究方法，得出不同的研究结论。

一些学者研究认为国际直接投资对职工工资水平的提升具有积极作用。Freenstra 和 Hanson（1997）针对墨西哥的研究表明国际直接投资的流入能够提高对熟练劳动力的相对需求，提高墨西哥熟练劳动力的相对工资水平，从而增大墨西哥劳动力工资收入的差距。文章指出20世纪80年代末墨西哥熟练劳动力工资增长中超过50%的份额都是由于国际直接投资的增长所引致。Lipsey 和 Sjoholm（2001）针对印度尼西亚的研究表明国际直接投资企业不但比本土企业具有更高的工资水平，并且促进了本土企业工资水平的提升，在这两方面因素作用下，国际直接投资有利于促进印度尼西亚整体工资水平的提升。Zhao（2001）指出在一个存在劳动力市场分割以及高劳动力流动成本的经济体，即使国际直接投资没有带来技能偏向型技术，它也能增加熟练劳动力的相对工资水平。李雪辉、许罗丹（2002）的研究结论表明外国直接投资可以提高熟练劳动力的工资水平，从而带动我国外资集中地区的工资水平的提升。Driffield 和 Girma（2003）运用联立动态面板数据模型的实证研究表明，国际直接投资对英国电子行业的劳动力工资水平具有显著的正向溢出效应。杨泽文、杨全发（2004a）利用我国 2001 年分地区（31 个省区市）分行业的数据，对国际直接投资与我国实际工资之间的关系进行实证研究，研究结果表明在不同的行业中国际直接投资对各地区的实际工资水平均存在正效应。Ge（2006）利用中国城市面板数据的实证研究表明，国际直接投资的进入会显著提升中国城市地区的工资水平。毛日昇（2012）对中国工业行业的研究表明国际直接投资对中国内资行业的工资水平在产业内部和产业之间都产生了显著的正向外溢，并且国际直接投资对中国不同劳动生产率工业部门的工资差距具有缩小作用。

然而，并非所有学者都认同国际直接投资对工资水平具有显著的促进作用，有研究表明国际直接投资对工资水平没有产生显著影响，或者产生的影响为负。Blonigen 和 Slaughter（2001）针对美国制造业的研究表明国际直接投资并没有增加对熟练劳动力的相对需求，对美国制造业的工资差距也没有显著影响。Das（2002）针对发展中国家的研究表明国际直接投资降低了熟练劳动密集型部门的相对工资水平，从而有利于缩小工资差距。Barry 等（2005）研究表明国际直接投资对爱尔兰国内出口企业的工资和劳动生产率会产生负效应，国际直接投资对爱尔兰国内非出口企业的工资和劳动生产率则没有显著的影响。Heyman 等（2007）针对瑞典企业数据的研究表明国际直接投资对瑞典国内企业的收购行为降低了职工的工资水平。张志明、崔日明（2015）研究发现服务业国际直接投资对服务业工资水平的总体影响显著为负。

针对上述的意见分歧，有学者认为国际直接投资对职工实际工资水平的影响在不同的时间段具有不同的影响（杨泽文、杨全发，2004b），并且，由于各个地区的劳动力市场结构和市场条件存在差异，国际直接投资对各地区工资水平的影响也不尽相同（李雪辉、许罗丹，2002），另外，对于不同类型的劳动力，其作用的效果也存在差异（钟晓君、刘德学，2013）。上述观点得到国内外一些学者的经验支持。Atiken 等（1996）同时考察了国际直接投资对美国、墨西哥以及委内瑞拉三个国家的工资效应，研究表明国际直接投资对美国具有正向工资溢出，国际直接投资对墨西哥以及委内瑞拉的工资水平却没有显著影响。黄旭平、张明之（2007）运用非平稳面板数据研究方法考察了国际直接投资对国内工资的影响，研究结论认为国际直接投资对中国工资水平的影响非常有限，且不同的省份有不同的影响方向。Hale 和 Long（2008）利用 2002 年中国企业层面数据研究表明国际直接投资能够增加熟练劳动力的工资水平，对非熟练劳动力的工资水平却没有显著影响，其结果是国际直接投资的流入加剧了中国收入不平等的状况。陈怡等（2009）研究结论表明国际直接投资通过对制造业中低收入行业相对工资的更大拉动作用，缩小了中国制造业行业间的工资收入差距，但是国际直接投资却扩大了东部和中西部地区之间制造业的工资收入差距。张海波（2009）实证研究表明国际直接投资显著增加了中国东部和中部地区内外资部门之间的工资差距，但对于西部地区的工资差距却没有显著影响。Fajnzylber 和 Fernandes（2010）利用企业调查数据的研究表明从事国际经济活动（包括进口原材料、出口以及国际直接投资三种途径）的巴西企业比巴西其他企业具有更高的熟练劳动力需求，然而从事国际经济活动的中国企业却比中国其他企业具有更低的熟练劳动力需求。因此，融入全球经济活动对熟练劳动力与非熟练劳动力工资差距的影响在不同国家也具有不同的表现。

综合以上研究不难发现，虽然国内外学者对国际直接投资整体的工资效应做了较多探讨，但较少深入到产业层面进行细致考察，特别是鲜有学者针对服务业国际直接投资对职工工资差距的影响进行专门的研究。但是我们仍然可以从部分学者做出有益的探索中探寻灼见。戴枫、赵曙东（2009）以上海为研究对象，研究生产者服务业国际直接投资对不同类型劳动力工资水平的影响，研究结论表明生产者服务业国际直接投资导致熟练工人工资水平的上升和非熟练工人工资的下降，直接而显著地扩大熟练与非熟练工人之间的工资差距。王小洁等（2015）的研究结果显示外资进入在带动服务业整体工资水平上升的同时，也会导致服务业技能工资差距的拉大。蔡宏波等（2015）指出外资显著提升了资本密集型服务业工资，对技术密集型和劳动密集型服务业影响不显著。于诚、周山人（2016）研究表明服务业国际直接投资正在加剧中国服务业熟练劳动力和非熟练劳动力的工资差距。本书将对服务业内部进行更细致的分解，从服务业整体和细分服务行业两个层面，探讨服务业国际直接投资的工资效应，以期丰富与推进此领域的研究。

四　有关服务业国际直接投资与服务业结构升级的研究

国外学者较早开始关注国际直接投资对产业结构的影响，大部分学者认为国际直接投资能够促进东道国产业结构优化，具有积极的结构调整效应。Caves（1974）针对澳大利亚与加拿大的研究表明，国际直接投资促进了这两个国家的产业结构调整。Markusen 和 Venables（1997）研究表明跨国公司通过关联效应能够促进东道国当地产业的发展，当地产业的发展甚至能超越跨国公司本身，因此长期来看跨国公司的进入对东道国产业结构调整与优化具有重要意义。Yeaple（2006）的实证研究结论表明美国跨国公司的投资活动改变了中等收入国家的国际贸易结构。Chen 和 Yu（2011）从代理理论的维度出发探讨了跨国公司的直接投资活动对资本结构的影响。查贵勇（2014）认为国际直接投资对发达东道国和发展中东道国具有不同的产业结构效应。

随着中国加入世界贸易组织承诺的履行，中国加大了服务业对外开放的力度与深度，服务业引资的数量和范围进入新阶段。国内学者也开始关注服务业国际直接投资的进入对我国服务业结构的影响，学者普遍支持服务业国际直接投资具有正向的结构调整效应的观点。

陈凯（2006）将服务业内部结构分为流通部门、为生产和生活服务的部门、为提高科学文化水平和居民素质服务的部门以及为社会公共需要服务的部门四个层次，通过普通最小二乘法实证研究显示，服务业对外开放显著降低了第一层次服务业增加值的比重，从而有利于服务业内部结构水平的提升。庄丽娟、陈翠兰（2008）对广州服务业国际直接投资的结构效应进行了实证考察，研究结论认为服务业国际直接投资具有很强的结构调整效应，这种结构调整效应在流通业、生产服务业、房地产业和社会服务业之间存在一定的差异性；另外，服务业国际直接投资是影响服务业内部结构调整的原因，而服务业结构变动也会影响服务业国际直接投资的变化。黄志勇、许承明（2008）采用面板数据确定效应模型进行实证研究，结论表明国际直接投资有利于江苏省服务业增加值的提升，进而促进江苏省产业结构的调整。秦柳（2009）采用分布滞后模型进行实证研究，结论表明国际直接投资不仅促进了安徽省当年服务业的生产总值，还对安徽省往后几年服务业生产总值具有促进作用，只不过影响程度呈逐年递减趋势，说明国际直接投资对安徽省产业结构升级具有积极作用。肖文、林高榜（2009）考察了国际直接投资流入与服务业市场结构变迁之间的关系，文章对零售业、银行业和保险业这三个典型的服务行业进行比较研究，得出结论认为国际直接投资是决定中国服务业市场结构变化的主要原因，而对于上述三个不同的服务行业而言，国际直接投资的作用方向和强度是存在显著差别的，总体而言，国际直接投资的进入有利于我国服务业市场结构的优化。陈莉（2010）将服务业分为传统服务业和现代服务业两部分，考察国际直接投资对江苏服务业的结构效应，研究结论认为国际直接投资促进了服务业产出结构和就业结构的优化。李文臣、刘超阳（2010）建立双变量对数线性模型，采用普通最小二乘法进行实证，结果显示服务业国际直接投资每增加1%，中国服务业生产总值增加0.434%，服务业国际直接投资存在着显著的结构调整效应。高远东、陈迅（2010）运用动态最小二乘法估计省际面板数据模型研究认为，国际直接投资增加了我国东、中、西部地区服务业和第二产业的比重，并且这种效应有自东向西逐渐增大态势。李伟庆（2011）运用服务业面板数据模型的实证研究结论表明服务业国际直接投资与中国服务业产业结构比例存在显著正相关关系，并且滞后期的服务业国际直接投资对服务业产业结构比例提升具有比当前服务业国际直接投资更大的促进作用。缪红杰（2011）采用广义差分法对1997—2008年中国服务业实际利用国际直接投资与传统服务业和现代服务业产出的关系进行了实证检验，研究表明服务业国际直接投资对现代服务业的产出弹性大于对传统服务业的产出弹性，因此服务业国际直接投资对中国服务业结构具有一定的优化作用。由于中国1997年才公布服务业实际利用国际直接投资数据，因此使得文章的样本容量显得极其有限，可能会影响结论的精确性。聂爱云、陆长平（2012）采用双向固定效应模型的实证结果显示国际直接投资有利于提高服务业的比重，从而有助于产业结构的优化与升级，作者同时发现国际直接投资的产业结构调整效应具有边际递减倾向。崔日明、张志明（2012）探讨了服务业国际直接投资促进我国服务业结构优化的作用机理，在此基础上的实证研究表明服务业国际直接投资对我国服务业结构优化的作用主要是通过收入增加效应和技术进步效应两个渠道来实现。张志明、崔日明（2014）基于中国服务业面板数据的实证认为服务业国际直接投资对服务业就业结构具有显著的优化作用。方慧、魏文菁（2014）研究表明国际直接投资的流入对服务业结构优化具有积极作用。

然而，并不是所有学者都认同服务业国际直接投资对于产业结构升级具有显著的积极作用的观点，一些学者的研究表明服务业国际直接投资带来的结构效应不明显，甚至阻碍了服务业的结构升级。

戴枫（2005）通过对服务业国际直接投资的结构以及具体服务行业增加值比重的分析，得出结论认为服务业国际直接投资对服务业的结构起了一定的影响作用，但不是非常明显，只有在房地产业与邮电通信行业这两个服务行业表现得较为突出。魏作磊（2006）利用一个扩展的柯布—道格拉斯生产函数测算了1984—2003年国际直接投资对我国农业、工业和服务业增长的平均贡献率。研究结论表明，国际直接投资给我国三次产业带来了结构性偏差，是造成我国工业增加值比重偏高而服务业增加值比重偏低的重要原因。该文章表明国际直接投资的大量流入并不利于我国产业结构由工业为主导向服务业为主导转型升级。杨春妮（2009）运用时间序列分析方法，通过建立向量自回归模型以及格兰杰因果关系检验发现虽然对华服务业直接投资对中国经济增长存在一定的促进作用，但是它在促进产业结构升级和人力资本积累上的作用并没有得到充分发挥。陈继勇、盛杨怿（2009）采用协整分析方法研究表明由于国际直接投资在我国三次产业间分布不均，国际直接投资对中国服务业的发展影响有限，并且从某种程度上说引起我国服务业发展的相对滞后。

针对学者们得出的截然相反的结论，有学者将服务业分为不同的类型，考察不同类型服务业利用国际直接投资所产生的结构效应的差异性，并且认为不同类型的服务业国际直接投资存在不同的结构效应，相比于资本密集型服务业国际直接投资和劳动力密集型服务业国际直接投资对中国资本密集型服务业和劳动力密集型服务业显著的结构促进作用，知识密集型服务业国际直接投资对知识密集型服务业的结构升级作用有限（邹琪、田露月，2010）。

综合以上研究我们可以发现，虽然大部分学者研究结论赞同服务业国际直接投资具有正向的结构效应，但是部分学者截然相反结论的弦外之音仍值得我们充分重视。显而易见，学者们针对服务业国际直接投资结构效应的研究依旧莫衷一是，服务业国际直接投资究竟是有利于服务业结构升级，还是不利于服务业结构升级，抑或没有产生显著的结构效应，仍未达成一致的见解与共识。这其中一方面原因是学者们使用的研究方法存在一定的差异性，同时由于各国（地区）服务业发展水平存在显著区别，因此不同地区的服务业国际直接投资对该国（地区）服务业结构也可能存在不同的影响，不能一概而论地说服务业国际直接投资有利于或者不利于服务业内部结构的升级，需要结合当地服务业发展水平以及服务业引资状况对具体问题具体分析。值得一提的是，已有研究大多忽略了针对服务业国际直接投资结构效应的作用机理的阐释，并且已有研究文献主要用产值结构作为衡量服务业内部结构变动的指标。本书将在分析服务业国际直接投资结构效应作用机制的基础上，从服务业内部产值结构和就业结构两个维度出发，深入细致地探讨服务业国际直接投资的结构效应。

第三节　本书研究内容

在当前国内外学术界对于服务业利用国际直接投资的理论和实证研究比较缺乏以及中国服务业统计数据较为欠缺的背景下，本书选取服务业统计数据较为翔实、服务业发达且服务业利用国际直接投资数额位居全国前列的具有典型性与代表性的广东作为研究立足点，对服务业利用国际直接投资的产业成长效应进行全面与深入的理论探讨和实证分析。

本书的研究思路是在揭示广东服务业产业成长与服务业利用国际直接投资的现状与存在问题的基础上，在理论分析与实证研究两个层面，全面与详尽地探讨服务业整体以及细分服务行业利用国际直接投资的产业成长效应，同时在拓展研究部分深入剖析服务业国际直接投资与服务业内部结构升级之间的关系，明确服务业国际直接投资的有利影响，规避其不利影响。另外，本书还将探讨服务业利用国际直接投资的影响因素，甄别不同影响因素对于服务业国际直接投资的重要程度。本书的目的在于为服务业引资政策与产业政策的制定提供政策依据与参考，为服务业进一步对外开放以及服务业差别化发展战略提供政策方向。

本书的各章节内容安排如下：

第一章是绪论部分，主要介绍本书的研究背景、研究目的与研究意义；对国内外相关文献进行梳理与评价；阐明本书的研究内容、研究方法与创新之处。

第二章首先探究始发于阐释制造业国际直接投资动因的各种经典对外直接投资理论对服务业的适用性，深化服务业国际直接投资动因的理论研究，为本书建立理论背景与铺垫；其次，构建服务业国际直接投资产业成长效应理论分析框架，为本书的研究提供理论支撑。

第三章运用统计分析方法对广东服务业发展以及服务业利用国际直接投资的现状与存在问题进行描述与分析。其中，为了考察服务业生产技术效率的变动状况，本书采用基于数据包络分析（Data Envelopment Analysis，DEA）的 Malmquist 指数对广东服务业总体以及细分服务行业的全要素生产率进行测算，并分解为技术进步指数和技术效率指数两部分，在此基础上详细分析广东服务业总体以及细分服务行业全要素生产率（技术进步、技术效率）的变动趋势，探求广东服务业生产率变动的内在原因。

第四章通过建立计量经济模型，分别就服务业整体利用国际直接投资以及细分服务业利用国际直接投资对广东服务业整体以及各细分服务行业全要素生产率（技术进步、技术效率）的影响进行实证分析，考察服务业国际直接投资的技术效应。

第五章主要考察服务业国际直接投资的要素积累效应。分析服务业国际直接投资对广东服务业劳动力和国内资本形成的影响。在分析服务业国际直接投资对服务业劳动力的影响时，从服务业国际直接投资对服务业劳动力数量和服务业国际直接投资对服务业职工工资水平的影响两方面分别进行研究，其中前者体现服务业国际直接投资对劳动力"量"上的影响，后者体现服务业国际直接投资对劳动力"质"上的影响。

第六章为拓展研究部分，在剖析服务业国际直接投资结构效应作用机理的基础上，建立计量经济模型，从服务业内部产值结构和内部就业结构两个维度，考察服务业国际直接投资对服务业结构升级的影响。

第七章在理论剖析服务业国际直接投资影响因素的基础上，建立 ARMA 模型对服务业国际直接投资影响因素的大小和方向进行实证检验。在此基础上，甄别出不同影响因素的重要程度，以便为服务业引资决策提供参考，在吸引服务业国际直接投资过程中有的放矢，抓住主要矛盾（最重要的影响因素），实现政府决策优化。

第八章总结本书基本结论，提出扩大服务业对外开放与服务业引资的政策建议，为决策部门提供政策参考。

第四节　本书研究方法

1. 理论分析方法。本书构建服务业国际直接投资产业成长效应的理论分析框架，从规范经济学角度对服务业国际直接投资对服务业产业成长的作用机理进行系统的理论阐释。在拓展研究以及服务业国际直接投资的影响因素部分，本书同样进行了详尽的理论分析。

2. 实证分析方法。采用广东服务业相关统计资料与数据，运用时间序列分析方法（针对服务业整体的研究）、面板数据分析方法（针对服务业内部细分服务行业的研究）等现代计量经济学手段对所研究问题进行实证研究。

3. 统计描述法。本书将采用各种统计指标以及统计方法对广东服务业产业成长以及服务业引资状况进行统计描述，从中探寻广东服务业产业成长以及服务业利用国际直接投资的现状与规律，进而找出广东服务业产业成长与服务业利用国际直接投资存在的问题。

4. 数据包络分析法。在考察服务业生产技术效率变动状况的过程中，本书采用基于数据包络分析（DEA）的 Malmquist 指数对广东服务业总体以及细分服务行业的全要素生产率进行测算，并分解为技术进步指数和技术效率指数两部分。

第五节　本书创新之处

服务业国际直接投资的理论与实证研究一直滞后于国际直接投资迅猛流入服务业的事实与实践，本书以服务业国际直接投资作为研究对象，试图弥补学术界对这一领域研究的不足。具体来说，本书的创新之处主要体现在以下几个方面：

1. 虽然当前服务业已经成为国际直接投资的主流，但是针对服务业国际直接投资的研究一直未得到国内外学者们的重视，深入探索服务业国际直接投资的经济效应、细致研究服务业国际直接投资的影响因素和动因的文献更是少之又少。另外，已有关于服务业国际直接投资的研究文献大多以中国作为研究对象，缺乏区域研究视角。众所周知，中国幅员辽阔，各地经济发展存在很大的差异，以全国总体作为研究对象容易忽略这种差异；更为关键的是，由于中国服务业统计数据的欠缺，以全国作为研究对象的研究无法对服务业国际直接投资产生的效应做出系统的分析。本书以服务业统计数据与资料较为翔实、服务业产业发展与引资水平处于全国前列的广东作为研究对象，具有典型性与代表性。通过对广东服务业国际直接投资经济效应的研究，试图探索出一条符合广东实际的服务业引资与服务业产业发展路径，为加快广东经济转型升级、建设幸福广东提供理论依据与政策指导；同时，透过本书为中国以及国内其他省份服务业发展与服务业引资提供参考，为中国利用外资促进服务业的健康快速成长以及服务业竞争力培育提供借鉴，具有一定的创新性。

2. 已有关于服务业国际直接投资的研究大多将服务业作为一个整体进行研究，缺乏服务业内部细分服务行业的细化分析。但是由于服务业内部各细分行业的特征存在显著差异，既有批发和零售业、住宿和餐饮业等劳动密集型的服务行业，也有交通运输、仓储与邮政业、快递业、会展业等资本密集型的服务行业，还有金融业、咨询业、科学研究和综合技术服务业、信息传输与软件业等知识密集型服务行业。因此以服务业整体作为研究视角容易忽略服务业内部各细分行业特征的异质性，从而不能反映服务业内部各行业的本质差异，所得结论也就无法有的放矢。本书充分考虑到这点，将从服务业整体和细分服务行业两个层面出发，既进行服务业国际直接投资的整体分析（时间序列模型分析），也将考虑各细分服务行业利用国际直接投资的分析（面板数据模型分析），这在已有文献中是不多见的。

3. 经典对外直接投资理论适用于阐释制造业国际直接投资的动因，其能否运用于服务业国际直接投资动因的解释，本书将对其分别做出理论解析，有利于深化对服务业国际直接投资动因的理解。此外，已有研究主要关注制造业国际直接投资的影响因素，对于服务业国际直接投资的影响因素探索较少，本书将采用理论与实证相结合的方法，详细探讨服务业国际直接投资的影响因素，为创建良好的环境吸引服务业国际直接投资提供参考。

本书技术路线如图 1-1 所示：

```
研究主题：服务业国际直接投资的经济效应
        ↓                    ↓
  国内外文献综述      服务业国际直接投资经济效应理论分析
                    ↓
   广东服务业发展与服务业利用国际直接投资的现状特征
                    ↓
  ┌─────────────────────────────────────────┐
  │           技术变迁 → 技术效应              │
  │ 服务业   ↗                      ↘         │
  │ 国际                              服务业   │
  │ 直接              就业效应      → 成长     │
  │ 投资   ↘                      ↗          │
  │          要素积累                          │
  │                   资本效应                 │
  └─────────────────────────────────────────┘
                    ↓
   拓展研究：服务业国际直接投资与服务业结构升级
                    ↓
        服务业国际直接投资的影响因素
                    ↓
              结论与政策建议
```

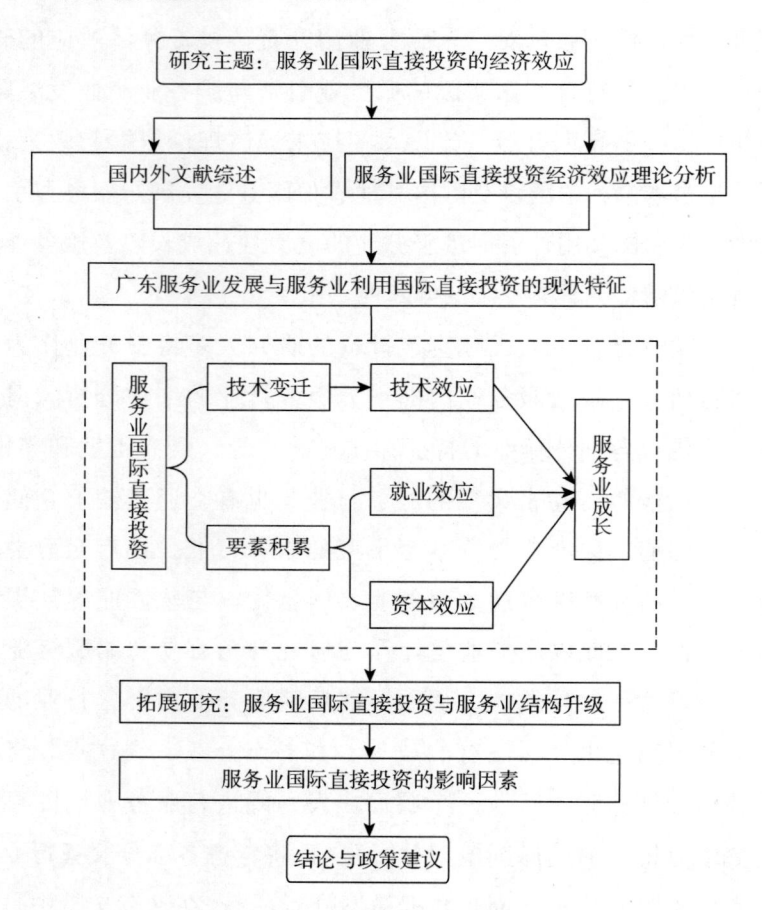

图 1-1　本书技术路线

第二章　服务业国际直接投资经济效应理论分析

20世纪中叶以来，随着国际直接投资活动的逐渐繁荣与活跃，理论界开始思考国际直接投资背后的动因，并且涌现出一批阐释国际直接投资动因的经典理论，主要包括垄断优势理论、内部化理论、国际生产折中理论、边际产业扩张理论以及产品生命周期理论。鉴于当时制造业是国际直接投资的主要承载体，上述理论基本都是以制造业国际直接投资作为研究落脚点。本章首先探究始发于阐释制造业国际直接投资动因的各种经典对外直接投资理论对服务业的适用性，深化服务业国际直接投资动因的理论研究，为全书研究建立理论背景与铺垫；其次，本章构建服务业国际直接投资经济效应理论分析框架，为全书的研究提供理论支撑。

第一节　主要对外直接投资理论对服务业的适用性分析

一　垄断优势理论

海默（1960）提出的垄断优势理论开创了跨国公司国际直接投资

理论研究的先河。垄断优势理论很好地将国际直接投资与国际间接投资的差别区分出来，指出以美国为主要代表的西方发达国家跨国企业之所以能够进行国际直接投资活动，是因为其具有东道国企业所不具备的特定优势，海默将跨国企业所具有的这种优势称为垄断优势。具体来说，跨国企业所具有的垄断优势包括以下几个方面：（1）相比东道国企业，跨国企业在生产技术、生产流程、生产工艺、技术诀窍以及生产效率等方面所具有的技术优势；（2）相比东道国企业，跨国企业在资金筹集、资金融通、资金回流等方面所具有的资金优势；（3）相比东道国企业，跨国企业在经营管理理念、人力资源管理与开发、人才储备、企业战略与营销管理等方面所具有的经营与管理优势；（4）相比东道国企业，跨国企业在企业规模、企业结构、企业组织形态等方面所具有的规模经济优势；（5）相比东道国企业，跨国企业在原材料采购、核心零部件制造、产品流通、分销与销售渠道、产品跟踪、售后服务等方面所具有的供应链优化与整合优势；（6）相比东道国企业，跨国企业在信息收集、信息发布、信息共享、信息甄别、信息保密等方面所具有的信息优势。正是由于跨国企业拥有这些东道国企业所不具备的垄断优势，跨国企业才能在东道国陌生市场环境下与东道国企业展开竞争。

垄断优势理论将上述跨国企业所具有的垄断优势来源归结为市场结构的不完全性，主要体现在以下四个方面：（1）因异质性产品、特殊生产技能或名牌商标造成的产品市场不完全性；（2）因融资渠道、获取市场信息渠道多寡与难易不同造成的要素市场不完全性；（3）因各国在税收、汇率、政府管制等方面差异造成的管理与制度不完全性；（4）因企业规模不同造成的规模报酬不完全性。

垄断优势理论基本上适用于服务业跨国企业对外直接投资动因的解释，其区别在于生产制造产品的跨国企业为了获取国外市场份额，除了对外直接投资方式以外，还可以通过对外贸易方式，并且对外直接投资与对外贸易存在相互替代、相互补充和相互融合三种关系（龚晓莺等，2006）；而"服务"作为一种特殊产品，具有无形性、不可储存性、生产和消费同时性等特征，这些特征使得服务产品的可贸易程度较低，大多数服务企业为了获得国外市场，就必须通过对外直接投资的方式在国外建立子公司，通过与消费者面对面交易的形式实现服务产品的固有价值。决定服务企业能够进行海外投资活动而获取海外市场份额的关键在于该企业是否具有技术优势、资金优势、经营管理优势、规模经济优势、信息优势等垄断优势。如果一个服务企业拥有上述垄断优势，则该服务企业就具备进行对外直接投资活动的条件，可以参与国际市场竞争，占领国际市场份额；相反，如果一个服务企业不具备上述垄断优势，则该服务企业应将目光定位于国内市场，参与国内市场竞争，着眼于国内市场份额。

二 内部化理论

巴克利和卡森（1976）提出的内部化理论，从交易成本角度阐释了跨国企业进行对外直接投资的动因。内部化理论认为外部市场交易以及企业内部交易是达成交易契约的两种不同形式。外部市场交易存在的缺陷是企业在搜寻合适的交易对象、谈判达成交易契约以及监督与维持交易契约的实现等过程中需付出较大的交易成本；同时，外部市场交易中企业难以规避交易对象因"敲竹杠"而产生的机会主义行为，特别是在企业投资具有较高的资产专用性的情况下，外部市场交易因交易对象机会主义行为而产生的道德风险将陡然增大；另外，外部市场交易也不利于企业防止专有技术、工艺、诀窍等关乎企业核心竞争力与知识产权效益的隐性知识的扩散与传播，加大了企业保持与维护自身技术与竞争优势的难度。

面对外部市场交易的诸多"失灵"，企业通过内部化行为，将外部市场交易转化为企业内部交易则能有效克服外部市场交易的缺陷，维护企业自身利益。首先，由于交易是在同一企业内部进行的，企业内部交易能够省去搜寻交易对象、维持交易关系等诸多过程，大大节约了为实现交易而产生的交易费用；其次，企业内部交易能够有效规避交易对象因发生机会主义行为而造成的损失；再次，在企业内部交易过程中，知识只是在同一企业内部转移、扩散与共享，因此，内部化交易可以有效防止知识向外部竞争对手扩散，有利于企业维持技术与竞争优势。

企业在进行外部市场交易以及内部化交易抉择的时候，将进行成本与收益分析。只要企业的上述内部化收益大于企业采取市场外部交易所产生的交易成本以及企业进行内部化行为所产生的成本之和，企业就会选择将外部市场交易内部化的活动。而跨国企业的对外直接投资行为就是企业内部化活动的一种具体形式，通过在东道国进行直接投资设立子公司，并将各种生产要素以企业内部转移与交易的方式替代外部市场活动，跨国企业可以有效克服原材料、知识与信息等产品和要素市场的不完全性，降低企业生产经营的交易费用，并且能够通过差别定价、转移定价等策略与途径全面提高跨国企业的经营效率与利润。

与制造业跨国企业一样，服务业企业在达成交易契约的时候同样面临外部市场交易以及企业内部交易两种选择，服务业企业同样在这两种选择中进行抉择时将进行成本与收益的比较与权衡。服务业跨国直接投资行为是服务业企业进行内部化活动的一种形式，当服务业跨国企业选择在东道国进行服务业直接投资活动建立子公司的时候，必然是服务业跨国公司在东道国进行直接投资活动所带来的内部化收益大于服务产品外部市场交易所带来的交易成本以及服务业跨国企业进行直接投资行为所带来的成本之和的反映与体现。

三 国际生产折中理论

邓宁（1977）吸收了各派学者解释国际直接投资活动动因的理论精华，特别是借鉴了海默的垄断优势理论以及巴克利和卡森的内部化理论的核心思想，并在这些理论的基础上引入区位优势理论，提出了被学术界誉为"通论"的具有很强现实解释力与适用性的国际生产折中理论。

国际生产折中理论认为，一国企业要进行国际直接投资活动，必须具备所有权优势、内部化优势和区位优势。具体来说，所有权优势是指跨国企业所具备的东道国企业难以企及的竞争优势。跨国企业的这些竞争优势体现在生产技术、工艺诀窍、经营管理、组织形态、企业规模、技术创新、资金实力、人力资源、营销渠道等方面，跨国企业正是凭借自身所拥有的这些所有权优势才能在东道国陌生的市场环境中与其他企业展开激烈市场竞争，攫取市场份额。内部化优势是指跨国企业通过国际直接投资活动在东道国建立分公司或者子公司，从而将东道国市场外部交易转化为企业内部交易，达到减少企业交易成本、防止知识与技术外部转移与扩散、有效规避因交易对象机会主义行为给企业造成损失而形成的优势。区位优势是指东道国本身所具有的在自然资源、劳动力资源、地理位置、政府政策、市场环境、基础设施、税收优惠等方面的优势。跨国企业进行对外直接投资活动能够充分将自身所具有的所有权优势与东道国当地的区位优势相结合，达到在全球生产网络下将价值链进行片断化分割，充分整合与利用世界各地优势资源，在全球范围内实现资源的优化配置并实现创造企业竞争优势的意图。

邓宁认为，当企业只是具备所有权优势的时候，企业将采取技术转让的方式进行国际经营活动；当企业具备所有权优势和内部化优势的时候，企业将采取出口贸易或者技术转让的方式进行国际经营活动；只有当同时具备所有权优势、内部化优势和区位优势的时候，企业才会进行国际直接投资，通过对外直接投资的方式参与国际经营活动。

国际生产折中理论在解释国际直接投资动因方面综合了以往各派理论的精华，对服务业国际直接投资活动的动因也能做出较为全面与合理的解释。首先，服务业跨国企业的所有权优势体现在服务的品牌、服务的质量、提供服务的特殊技巧、信息获取、销售渠道以及服务企业的资金与规模优势等方面。其次，相比"有形产品"的价格主要受供求影响，服务产品的价格除了受供求影响外，主要还与服务提供的技巧、诀窍以及质量相关。外部市场交易使得服务业跨国公司拥有的服务提供的技巧与诀窍极为容易在交易过程中不经意扩散，从而不利于企业服务产品垄断价格以及竞争优势的维持。因此，面对"服务"这一特殊化产品，服务业跨国公司通过对外直接投资建立分公司或者子公司，进行内部化经营是其防止服务提供技术与诀窍转移与扩散、攫取服务产品垄断高价的需要。最后，大多数服务产品在生产过程中对自然资源的依赖程度似乎比制造业低，并且不同的服务产品在生产过程中倚重的投入要素也不尽相同，因此不同的东道国所具有的特定区位优势对不同行业的服务业跨国公司具有不同的吸引力。金融业、咨询业、计算机软件与信息服务业等知识与技术密集型服务业对从业者素质以及知识产权保护等制度环境要求较高，因此这些服务行业的跨国公司会选择具备上述区位优势的国家开展国际直接投资活动；批发和零售业、住宿和餐饮业等劳动密集型服务业对劳动力价格水平较为敏感，因此这些行业的服务业跨国公司会选择劳动力价格低廉的地区进行国际直接投资活动。也就是说，服务业跨国公司总会根据自身行业特征与生产要素密集度选择与自身需求相符的东道国进行国际投资活动，以充分发挥与利用当地的区位优势，形成企业的竞争优势。综上所述，虽然被美誉为"通论"的国际生产折中理论其出发点是为了解释制造业跨国企业国际直接投资行为的动因，但其对服务业跨国公司的国际直接投资活动同样具有很强的解释力及适用性。

四 边际产业扩张理论

小岛清（1978）以日本企业的对外直接投资活动为研究对象，提出了区别于以往各派基本以美国跨国公司为研究对象的边际产业扩张理论。小岛清在研究过程中观察到与美国进行国际直接投资活动的主体是大型跨国企业不同，日本进行国际直接投资活动的主体是中小企业。这些中小企业大多并不具备雄厚的资金实力以及先进的生产技术水平，但它们却拥有东道国企业所需要的劳动密集型产业生产的实用技术。日本中小企业的这些生产技术与东道国企业的技术差距较小，易于东道国企业的消化和吸收，从而能够促进东道国相关产业比较优势的形成。有鉴于此，小岛清的边际产业扩张理论指出国际直接投资应该遵循从该国已经处于或者即将处于比较劣势的产业（边际产业）依次进行的原则，这样投资国和东道国都能够获得国际直接投资与产业转移的好处，因为被转移产业虽然在投资国不具备比较优势，但在东道国，这些产业的比较优势正在形成，投资国的国际直接投资活动所带来的适用技术正好有利于东道国这些产业比较优势的培育与壮大。因此，跨国企业的对外直接投资行为不但为投资国新兴产业的发展腾出空间，同时将有利于促进东道国相应产业的发展。

边际产业扩张理论在解释日本中小制造企业的国际直接投资行为方面获得很大成功，但其对服务业跨国公司的国际直接投资行为的解释力度似乎显得有所欠缺。首先，当前服务业国际直接投资的主体是发达国家，这些发达国家经济结构以服务业为主导，服务业具有比较优势。因此，服务业国际直接投资似乎并不是从处于或者即将处于比较劣势的服务行业依次进行，更多国内仍具有比较优势的服务业"走出去"进行国际直接投资活动的目的是占领东道国巨大的服务市场。其次，当前服务业国际直接投资仍以大型服务跨国公司为主，这些大型服务业跨国公司与东道国同类服务企业相比具有相当强大的技术优势与技术势差，因此以中小企业为主要研究对象的边际产业扩张理论在服务业国际直接投资的适用对象方面似乎有失偏颇。最后，假设边际产业扩张理论在服务业国际直接投资领域依旧适用，那么出现的情形应该是发达国家首先向东道国进行住宿和餐饮业、批发和零售业等劳动密集型服务业投资，再进行房地产业、金融业等知识和资本密集型服务业投资，现实情况似乎证实了上述现象，但是这种现象的出现并非由发达国家投资的主观意图所致，这种现象出现的主要原因是大多数知识和资本密集型服务业属于关乎东道国经济命脉和政治安全的重要行业，东道国为了保护国家经济与政治利益而对这些行业设置了严格的投资准入壁垒，使得发达国家这些服务行业的跨国公司无法进入东道国。一旦各国实现投资自由化，上述现象将大为弱化，大量在发达国家仍具有比较优势的服务业产业将通过向东道国直接投资的方式抢占东道国市场。

五 产品生命周期理论

弗农（1966）提出的产品生命周期理论以产品生产历经的不同阶段为视角阐释了跨国企业对外直接投资的动因，成为国际直接投资领域的又一经典学说。产品生命周期理论认为产品的生产过程可以划分为新产品阶段、产品成熟阶段以及产品标准化阶段三个阶段，在这三个不同的阶段企业将采取不同的生产与投资策略以实现利润最大化。在新产品阶段，维系企业竞争优势的要素是产品的创新技术与能力，发达国家创新企业由于掌握着产品生产的核心技术，拥有该产品生产的垄断地位。此时发达国家创新企业将新产品生产地点选择在国内，以贴近本国消费者，满足国内消费者需求，同时防止技术扩散。对于国外消费者对新产品的需求，创新企业将采取出口贸易方式。在产品成熟阶段，随着产品创新技术的转移和扩散，其他后进国家也通过学习与模仿逐渐掌握了产品的生产技术，并开始对该产品实行自主生产。同时，后进国家将采取进口替代策略以保护刚刚建立起来的民族工业。面对后进国家所采取的进口替代与贸易保护，创新国家开始寻求部分对外直接投资活动，以绕开贸易壁垒，抢占后进国家市场份额。在产品标准化阶段，产品生产已被嵌入机器化生产流程之中，此时维系产品竞争力的要素是生产成本，特别是劳动力成本。发达国家由于国内劳动力成本高，使其生产该产品具有比较劣势，发达国家创新企业将主要采取对外直接投资方式，将该产品的生产基地转移至低劳动力成本的发展中国家，通过将产品返销回本国的方式满足本国消费者需求。由此可见，随着产品步入不同的生命阶段，产品将在不同的国家进行生产。国际直接投资是实现产品生产地点转换的手段，国际直接投资在产品生产地点转换过程中应运而生，国际直接投资也成为跨国企业寻求利润最大化的策略选择。

产品生命周期理论主要适用于解释制造业跨国公司国际直接投资行为，其对服务业跨国公司的国际直接投资行为则似乎缺乏足够的解释能力。众所周知，服务产品作为一种特殊商品，具有生产和消费同时性、不可储存性和无形性等特征。服务产品的生产过程往往也就是其消费过程，其间一般不存在时滞，服务产品使用价值的让渡与价值的实现在生产过程中同时发生。服务产品的这些特征使服务产品似乎不能像"有形"的货物产品一样具有不同阶段的生命周期，服务的不可储存性使得服务产品的"生命"显得异常短暂，服务的生产过程也是其消费与"生命"完结的过程。因此，大多数情况下，服务产品是不具有新产品阶段、产品成熟阶段以及产品标准化阶段的，产品生命周期理论运用在服务业国际直接投资行为的时候似乎也就失去了理论根基，并显得无所适从。

但是，随着现代化计算机与信息技术的爆炸式发展，越来越多服务产品变得可以储存，并且跨越了生产和消费同时发生的时空制约，在生产过程中也逐渐显示出与货物产品相同的规模经济特征。在信息社会中的这些现代新型服务产品，产品生命周期理论似乎显得可以有所作为。现以远程教育服务为例，说明产品生命周期理论在服务产品中的运用。

在当今信息社会，远程教育成为一种受众多求学者欢迎与追捧的求学方式。其方便、快捷的特征使消费者（求学者）只要坐在电脑前就可以享受世界各地名校名师的讲授。我们可以将拥有教育比较优势的教育发达国家将名师授课内容录制成进行销售的视频视为新产品。此时，名师授课服务主要是在具有教育比较优势的教育发达国家生产，以满足教育发达国家国内求知者教育需求。对于其他国家求知者的需求，则采取销售远程教育视频的服务贸易出口方式去满足。随着视频课程在进口国家的传播与流行，产品进入成熟阶段。此时进口国家国内开始有同行学习和掌握教学视频中的内容，并模仿与制造相应的视频课程在国内进行销售，与进口视频课程展开市场竞争，以期对拥有教育比较优势国家的进口视频课程实现进口替代。在产品标准化阶段，进口视频服务和本土视频服务在服务品质上已经没有太大差别，拥有教育比较优势国家为了维持海外市场利润，可能会进行服务业对外直接投资，通过在教育欠发达国家建立学校、培训机构等教育组织，以自然人流动的方式直接派遣本国名师到东道国进行讲学，占领教育欠发达国家市场份额。由此可见，当服务产品变得可以储存并且打破生产与消费同时发生的藩篱，主要适用于有形货物产品的生命周期理论似乎可以对服务业对外直接投资行为做出部分合理与有效的解释。

第二节　服务业国际直接投资经济效应理论分析框架

服务业国际直接投资作为资本、技术、管理经验与知识文化的集合体，对流入地服务业产业成长（经济增长）产生深远影响。本书详细探讨服务业国际直接投资对服务业产业成长（经济增长）的影响，诚然，服务业国际直接投资通过技术变迁和要素积累对服务业产业成长（经济增长）施加影响。服务业国际直接投资引起的技术变迁体现在服务业国际直接投资通过技术效应影响服务业的投入产出效率。服务业国际直接投资的流入还将改变服务业要素积累状况，对劳动力供给和国内资本积累施加影响。

一　服务业国际直接投资的技术效应

服务业国际直接投资的技术效应是服务业跨国公司通过国际直接投资活动在东道国设立分公司或者子公司，这些分公司和子公司在东道国生产经营过程中不自觉地产生技术外溢，并被东道国服务企业消化吸收，从而对东道国服务业技术进步产生作用的过程。由于服务业国际直接投资的技术效应产生的前提与基础是服务业外商投资企业的技术外溢，而技术外溢是跨国服务企业在东道国生产经营过程中的一种无意识行为，是服务业跨国公司对东道国进行国际直接投资活动所产生的一种正的外部性。并且，服务业国际直接投资的技术外溢并不受服务业跨国公司的主观愿望和观念所约束。因此，服务业国际直接投资的技术效应广泛存在于服务业跨国企业的国际直接投资实践之中，是不以人的意志为转移的普遍经济现象。

服务业国际直接投资技术效应发挥作用的主体包括服务业技术提

供方、服务业技术受让方以及服务业国际直接投资技术外溢途径三个方面。具有先进生产技术水平以及高效生产效率的服务业跨国公司是服务业的技术提供方，在服务业国际直接投资的技术效应中扮演技术溢出角色；具有较低生产技术水平以及劳动生产率的东道国服务企业是服务业的技术受让方，在服务业国际直接投资的技术效应中扮演技术吸收角色；服务业国际直接投资的技术外溢途径是联系服务业技术提供方和服务业技术受让方之间技术扩散和转移的桥梁与纽带，具体包括竞争效应、示范效应、产业关联效应以及人力资本流动效应。服务业技术提供方、服务业技术受让方以及服务业国际直接投资技术外溢途径是服务业国际直接投资技术效应发挥作用的基本要素与必要条件，在服务业国际直接投资技术效应的发挥过程中缺一不可。

　　服务业国际直接投资技术效应发挥作用的充分条件是服务业跨国公司与东道国服务企业之间存在技术势差。技术势差是由服务业外商投资企业与东道国服务企业之间的技术差距引起的，技术差距是影响国际直接投资技术效应的重要因素（Kokko，1994；Kokko et al.，1996；段文斌、余泳泽，2012）。技术势差与服务业国际直接投资技术效应的强弱并不是简单地表现为线性关系。服务业外商投资企业与东道国服务企业之间过大的技术势差将不利于东道国服务企业学习与吸收服务业国际直接投资的技术外溢，而服务业外商投资企业与东道国服务企业之间过小的技术势差则使东道国服务企业难以获得充分的服务业生产与经营实用技术。只有服务业外商投资企业与东道国服务企业之间的技术势差处于东道国服务企业"既有机会学习，又有能力学习"的合理范围与区间，服务业国际直接投资的技术效应才能得到最大限度的发挥。从东道国服务企业的角度来说，只有当东道国服务企业顺利越过一定的"技术门槛"（technical threshold），使其与服务业外商投资企业之间技术势差处于合理的范围内，才能有效吸收服务业外商投资企业的技术外溢，利用服务业外商投资企业的先进技术促进自身技术进步。

服务业国际直接投资技术效应发挥作用包括技术外溢和技术吸收两个相互独立而又相互联系的过程。技术外溢的主体是服务业跨国公司，技术吸收的主体是东道国服务企业。有服务业技术外溢并不一定有有效的技术吸收，有技术吸收并不一定有充分的服务业技术外溢。市场竞争的激烈程度决定着服务业跨国公司技术外溢的多寡。在一个充分竞争的市场环境中，服务业跨国公司为了保持竞争优势、赢取市场份额，会将国内先进的生产技术与经营管理诀窍引至东道国，从而形成强大的服务业技术外溢源。相反，在一个缺乏竞争的市场环境中，服务业跨国公司无须引进母国先进生产技术与诀窍即可维持市场竞争地位，服务业跨国公司的技术外溢效果则大打折扣。研究表明，企业生产、设计和开发技术诀窍的获得多是靠学习和经验积累（Cohen et al.，2002）。可见，东道国服务企业的学习与吸收能力决定了技术吸收的多寡，在东道国服务企业与服务业跨国公司之间没有过大技术势差的前提下，如果东道国服务企业具备良好的学习与吸收能力，则能获得良好的技术吸收效果。相反，如果东道国服务企业学习与吸收能力欠缺，则无法有效汲取服务业跨国公司的技术外溢。

服务业国际直接投资技术效应发挥作用的途径包括竞争效应、示范效应、产业关联效应以及人力资本流动效应。（1）竞争效应。服务业外商投资企业的进入打破东道国原有服务业市场的竞争态势，凭借自身拥有的先进生产技术与高效生产效率，服务业外商投资企业给东道国带来强大的市场竞争压力。东道国服务企业为了在激烈的市场竞争中赢得生机、获取利润，将加大研究与开发投入，增强技术创新水平与能力，改善经营管理理念，提高生产经营效率。在这个过程中，东道国服务企业的资源配置效率与生产技术水平都获得极大的改进与提高。Wang 和 Blomstrom（1992）、Kokko（1994）、陈涛涛（2004）的研究结论都验证了竞争能够促进技术进步。（2）示范效应。服务业外商投资企业的进入给东道国服务企业提供了学习与模仿的对象，服务业外商投资企业有着先进的技术水平、完善的生产经营模式以及高效的管理与激励方法，在与服务业外商投资企业同台竞技的过程中，东道国服务企业不断认识与发现自身与服务业外商投资企业的差距，并通过"干中学""逆向工程"等途径不断获得效仿服务业外商投资企业的机会，从而提高自身生产技术水平，缩小与服务业外商投资企业的技术差距。服务业外商投资企业示范效应的发挥大大降低了东道国服务企业技术升级的成本，有效规避企业进行自主技术创新的风险与不确定性，是促进东道国服务企业技术进步的重要途径。（3）产业关联效应。服务业外商投资企业进入东道国后并不是孤立存在的，其在生产运营过程中将与上游企业以及下游企业产生频繁的接触与联系。产业关联效应主要通过后向关联和前向关联得以实现。所谓后向关联，是指服务业外商投资企业与当地供应商之间的联系。当地供应商为了满足服务业外商投资企业对其产品的质量与技术要求，将努力改善生产经营条件，提高生产技术水平；同时，服务业外商投资企业也会积极对当地供应商进行技术指导使其生产满足自身要求。有学者研究发现，后向关联对东道国的技术进步影响最大（Lall，1978；McAleese & McDonald，1978）。所谓前向关联，是指服务业外商投资企业与下游企业以及消费者之间的联系。服务业国际直接投资的进入将提高东道国服务产品的质量、增加东道国服务产品的种类、开创新的服务产品市场、提高消费者对服务产品的需求层次。所有这些改变都会倒逼东道国服务企业不断提高技术水平，不断开发新的服务产品以应对激烈的市场竞争。（4）人力资本流动效应。出于降低成本及"本土化"策略考虑，服务业外商投资企业进入东道国后并不会将本国技术人员和管理人员大量引至东道国，而会在东道国引入当地人才，对其进行管理与技能培训，使其满足服务业外商投资企业的要求。随后，当这些受过系统培训并熟悉跨国公司经营管理流程的服务业外商投资企业的员工自主创立企业或者流动到东道国本土服务企业的时候，服务业外商投资企业的技术随之发生转移与扩散,服务业国际直接投资的技术外溢由此发生。具体来说,人力资本流动效应能够在三个层次产生技术外溢作用:第一层次的技术外溢是服务业外商投资企业引进当地员工并对其进行管理与技能培训,从而提高了当地员工人力资本水平与综合素质;第二层次的技术外溢是供职于服务业外商投资企业的当地员工通过自主创建企业或者人员流动转移到东道国本土服务企业,其在服务业外商投资企业所接受的专业培训以及所掌握的技能随即转移与扩散至东道国企业;第三层次的技术外溢是当这些员工在东道国本土服务企业之间再度转移与流动的时候,服务业外商投资企业的技术将发生范围更广的溢出与扩散。

本土服务企业在面对上述四种服务业国际直接投资技术效应发挥作用的不同途径的时候,具有全然不同的路径(策略)选择方式,以推动企业自身技术水平与生产效率的提高(傅元海等,2010)。在竞争效应下,本土服务企业推动企业技术进步最主要的路径选择是加大企业 R&D 投入,以及引进服务业外商投资企业的先进技术;在示范效应下,学习与模仿是本土服务企业促进自身技术进步的最主要路径选择;在产业关联效应下,本土服务业企业推动企业技术进步的最主要路径选择是接受服务业外商投资企业的技术转让与技术援助,以及与服务业外商投资企业进行技术合作开发;在人力资本流动效应下,人才引进与人才培养成为本土服务企业最主要的技术进步路径。

二 服务业国际直接投资的就业效应

(一)服务业国际直接投资对就业数量的影响

服务业国际直接投资通过短期就业效应和长期就业效应对流入地的服务业就业市场产生深远的影响。所谓短期就业效应是指服务业国际直接投资在短期内通过影响服务业就业环境、改变服务业市场竞争格局和市场面貌而引起的服务业就业人数的增减变动。而长期就业效应是指在较长一段时期里，服务业国际直接投资通过推动前后向关联产业的发展、调整服务业内部的行业结构以及触发服务业技术变迁而引致的服务业就业人员的变动。服务业国际直接投资的总就业效应是短期就业效应和长期就业效应作用于服务业就业市场之综合效果的集中体现，是短期和长期就业效应共同作用的结果。

首先，服务业国际直接投资短期就业效应的大小和方向与服务业国际直接投资的进入方式、服务业国际直接投资的经营模式以及服务业国际直接投资与内资的关系密切相关。就服务业国际直接投资的进入方式而言，如果服务业国际直接投资以绿地投资的方式进入国内，不仅企业的新建阶段需要大批临时劳动力，而且新的服务企业建成投产后，为了克服文化差异，迅速融入国内市场、打开经营局面，服务业外商投资企业也会倾向于采用"本土化"策略，雇佣当地劳动力。因此，绿地投资一般会促进国内劳动力的就业。如果服务业国际直接投资以跨国并购的方式进入国内市场，代表更先进生产技术和管理理念的服务业国际直接投资为了提高经济效率，会对原企业进行重组改造，变革人事制度，引入竞争机制，使得原企业中不满足服务业国际直接投资用人标准的劳动力成为下岗职工，沦为失业人员。此时，服务业国际直接投资产生负的短期就业效应。其次，就服务业国际直接投资的经营模式来说，根据服务业国际直接投资占有股权比重的不同，其经营模式一般分为外商独资企业、中外合资企业以及中外合作企业，在这三种经营模式中，服务业国际直接投资对企业的产权强度依次递减。一般来说，如果服务业国际直接投资的经营模式为外商独资企业，则该企业的经营与决策完全由国外服务商掌控，获取利润最大化为其根本目标，较高的资本有机构成使得外商独资的服务企业往往产生负的短期就业效应。相反，在中外合资和中外合作服务企业（特别是中方拥有企业优势股权）中，中方具有较大控制权，此时企业除了考虑利润目标外，还可以积极贯彻落实国家各项就业政策，增加就业岗位，促进国内服务业就业。最后，就服务业国际直接投资与内资的关系而言，如果服务业国际直接投资与国内服务业投资是竞争与替代关系，则激烈的市场竞争可能会造成众多国内服务企业破产倒闭，形成大量失业人口。相反，如果服务业国际直接投资与国内投资是互补关系，两者则能互相促进、协同发展，有利于增加服务业就业。

服务业国际直接投资还可以通过带动关联产业发展、调整服务业内部结构以及触发服务业技术变迁而给服务业就业市场带来长期就业效应。首先，生产者服务业国际直接投资通过为关联产业提供优质的中间服务，促进前后向关联产业的发展；关联产业的发展又反过来扩大对生产者服务的需求，从而增加服务业的就业。消费者服务业由于目标客户为最终消费者，其产业关联度较小，因此消费者服务业国际直接投资通过产业关联影响就业的长期就业效应不明显。其次，服务业国际直接投资通过产业内部结构调整和升级效应对服务业结构调整产生作用。总体来说，服务业国际直接投资促进服务业结构从以传统服务业为主导向以现代服务业为主导的格局升级，从而增加熟练劳动力需求，减少非熟练劳动力需求。再次，服务业国际直接投资通过技术变迁与技术外溢效应引发的内生技术进步一方面提高了资本替代劳动的比例，从而游离出一部分冗余劳动力，减少劳动就业；另一方面，内生技术进步将会促进服务业经济增长与繁荣，创造更多就业机会，促进劳动就业。

（二）服务业国际直接投资对职工工资（人力资本水平）的影响

从整体上看，服务业国际直接投资的工资效应表现为提升或者降低服务业就业人员的实际工资水平；从细分行业来看，流入各细分服务行业的国际直接投资能够分别产生工资效应，并且由于国际直接投资在各服务行业分布不均，使服务业国际直接投资这种行业间的工资效应存在差异性和不平衡性，各细分服务行业特征的异质性则进一步扩大了服务业国际直接投资行业间工资效应的差异，导致服务业国际直接投资可能对某些服务行业职工实际工资水平具有正向影响，而对其他服务行业职工工资水平却具有负向影响或者没有显著影响，其外在表现即是各细分服务行业的职工收入差异。具体来说，服务业国际直接投资影响服务业整体以及各细分服务行业职工实际工资水平的作用机制如下：

（1）服务业国际直接投资通常代表更先进的技术水平，更高的资本有机构成以及劳动生产率，服务业国际直接投资一般是与熟练劳动力相匹配。因此，服务业国际直接投资的流入将增加服务业就业市场对熟练劳动力的相对需求，减少对非熟练劳动力的相对需求。在熟练劳动力存在供给约束情形下，服务业国际直接投资引致熟练劳动力相对需求的扩张将增大熟练劳动力的供需缺口。服务业国际直接投资进入后，服务业跨国公司与内资服务企业将对有限的熟练劳动力展开激烈争夺，服务业外商投资企业通过提高熟练劳动力的工资水平与福利待遇，吸引熟练劳动力；在外资服务企业竞争压力下，内资服务企业为了留住熟练劳动力，也必须支付更高的工资报酬。相反，在中国非熟练劳动力供给近乎无限的情形下，服务业国际直接投资引致市场对非熟练劳动力相对需求的减少有可能进一步恶化非熟练劳动力的就业形势。特别是当熟练劳动密集型服务业国际直接投资对非熟练劳动力密集型服务行业形成巨大竞争冲击，从而产生挤出效应的时候，非熟练劳动力密集型服务行业的规模将缩小，一些服务企业将被迫停产倒闭，减少非熟练劳动力的就业机会。其结果是企业对非熟练劳动力工资水平拥有更大话语权与控制权，非熟练劳动力在与企业的工资博弈中处于绝对劣势，此时服务企业能够对非熟练劳动力支付较少的劳动报酬。可见，服务业国际直接投资一方面可能增加熟练劳动力的实际工资水平；另一方面可能减少非熟练劳动力的实际工资水平，因此服务业国际直接投资对服务业全体职工实际工资水平的影响大小和方向在理论上是不确定的，其结果取决于上述两种相反的力量孰大孰小。

如果服务业国际直接投资引致的熟练劳动力实际工资增加大于其引致的非熟练劳动力实际工资降低，服务业国际直接投资将促进服务业全体就业人员实际工资水平的提升，反之则相反。

（2）服务业国际直接投资在各服务行业间分布不均，一些服务行业吸收了较多的国际直接投资，一些服务行业吸收外资的数量则较少。近年来，服务业国际直接投资的一个显著特点是流向资本和技术密集型服务行业的数额逐年增多，而流向传统劳动密集型服务行业国际直接投资的数额则增幅缓慢。此外，服务业涵盖范围广大，既包括批发和零售业、住宿和餐饮业等劳动密集型服务行业，也包括房地产业等资本密集型服务行业，还包括金融业，信息传输、计算机服务和软件业等知识密集型服务行业，不同服务行业的行业特征存在巨大异质性，这种异质性使得服务业国际直接投资对不同服务行业职工的工资水平具有不同的影响。流入不同服务行业的国际直接投资在各行业内部分别产生不同的工资效应，而服务业国际直接投资在各服务行业之间分布的不均以及各服务行业特征的异质性则进一步加剧服务业国际直接投资在不同行业间工资效应的差异性与不平衡性，使流入不同服务行业的国际直接投资对各自行业职工的收入水平能够产生不同影响。

三　服务业国际直接投资的资本效应

服务业国际直接投资的资本效应是服务业跨国公司的国际直接投资活动对当地服务业国内投资行为产生影响和作用的过程。如果服务业国际直接投资的进入对当地服务业国内资本形成具有积极的促进作用，则服务业国际直接投资对国内资本产生资本挤入效应；相反，如果服务业国际直接投资的进入对当地服务业国内资本形成具有消极的破坏作用，则服务业国际直接投资对国内资本产生资本挤出效应。服务业国际直接投资资本效应的大小和方向取决于资本挤入效应与资本挤出效应力量对比关系，如果服务业国际直接投资的资本挤入效应大于资本挤出效应，则服务业国际直接投资对服务业国内投资具有正向作用，其净挤入效应增加了服务业国内投资水平；反之则相反。

服务业国际直接投资资本挤入效应发挥作用的机制在于服务业国际直接投资通过产业间效应（垂直效应）和产业内效应（水平效应）促进服务业国内投资的增加。产业间效应表现在服务业国际直接投资通过前后向产业关联，促进下游和上游服务业产业的成长与发展，引发服务业国内资本拓展（Capital widening），提高服务业国内投资水平。产业内效应表现为集资本、技术、生产与服务诀窍等属性于一体的服务业国际直接投资通过溢出效应（Spillover effect）、传染效应（Contagion effect）以及示范效应（Demonstration effect）提高内资服务企业的生产技术、服务质量与经营管理水平。内资服务企业投入产出效率的提高增加了企业投资的单位资本收益，企业可将单位资本收益提高而带来的资本节约用于扩大投资和资本深化（Capital deepening），促进服务业国内投资水平的提升。可见，产业间效应反映的是服务业国际直接投资在产业链条垂直方向对服务业国内资本的挤入，并引发服务业国内资本的拓展；而产业内效应反映的是服务业国际直接投资在产业链条水平方向对服务业国内资本的挤入，并引发服务业国内资本的深化。在以上两种效应共同作用下，服务业国内投资水平得到扩张，服务业国际直接投资对服务业国内投资产生挤入效应。

服务业国际直接投资资本挤出效应发挥作用的机制在于服务业国际直接投资通过市场攫取效应（Market stealing effect）（Aitken et al.，1997）挤占内资服务企业国内投资机会，破坏服务业国内资本形成。服务业国际直接投资的进入改变流入地服务业市场格局，激发服务业市场竞争，打破服务业行业垄断，降低服务业市场集中度，对当地服务业市场产生"创造性破坏"（Creative destruction）的作用。服务业跨国公司凭借其雄厚的资金实力、娴熟的服务技能、悠久的服务品牌以及发达的营销网络，对本土服务企业形成强大的冲击。特别是在服务业国际直接投资进入的初始阶段，大批本土服务企业仍习惯处于国家政策保护伞的庇护下，未能适应服务业对外开放的新环境以及外资服务企业带来的激烈市场竞争格局。一些生产效率低下的内资服务企业市场份额不断被服务业外商投资企业侵占，被迫退出服务市场。但是，随着前期这段"阵痛期"的过去，内资服务企业将逐渐适应服务业国际直接投资带来的竞争性市场环境，并通过"干中学"不断提高企业的投入产出效率与经营管理水平，在竞争中站稳脚跟、做强做大，服务业国际直接投资的挤出效应也随之减弱。

从时序维度进行分析，一般来说，在服务业国际直接投资进入的初始阶段，由于内资服务企业的不适应，服务业国际直接投资带来的资本挤出效应大于资本挤入效应，服务业国际直接投资对服务业国内投资具有消极的"净挤出"作用；但随着内资服务企业逐渐适应竞争环境并不断提高生产经营效率，服务业国际直接投资的挤出作用降低，服务业国际直接投资带来的资本挤入效应将大于资本挤出效应，此时，服务业国际直接投资对服务业国内投资具有积极的"净挤入"作用。

第三节　本章小结

本书探究了始发于阐释制造业国际直接投资动因的各种经典对外直接投资理论对服务业的适用性，它们包括垄断优势理论、内部化理论、国际生产折中理论、边际产业扩张理论以及产品生命周期理论。本书分析认为，垄断优势理论、内部化理论、国际生产折中理论对服务业国际直接投资动因的解释具有一定的适用性，其理论内核基本适用于服务业跨国公司的海外扩张行为的阐释，特别是被美誉为"通论"的折中范式能够在相当大的程度与范围对服务业国际直接投资的动因做出较为合理的解释。而边际产业扩张理论以及产品生命周期理论在解释服务业国际直接投资动因方面显得适用性不足。值得一提的是，由于传统服务产品具有不可储存性、无形性与生产和消费同时性等特征，使得大多数服务产品不具有新产品阶段、产品成熟阶段以及产品标准化阶段的阶段性特征，产品生命周期理论在解释服务业跨国公司海外扩张动因的时候似乎显得无能为力。然而，随着现代网络与信息技术的飞速发展，越来越多的服务产品呈现出崭新的形态，变得可以储存，并且跨越了生产和消费同时发生的时空制约，在生产过程中也逐渐显示出与货物产品相同的规模经济特征。面对现代信息化社会下的新型服务产品，产品生命周期理论似乎显得可以有所作为。

本章提出了服务业国际直接投资经济效应的理论分析框架，总结出服务业国际直接投资对服务业产业成长（经济增长）的传导机制如下。

（1）服务业国际直接投资—技术效应—服务业产业成长（经济增长）

相比本土服务企业，服务业跨国公司具有先进的生产技术与服务水平，服务业跨国公司是诱导流入地服务业技术进步与变迁的重要因素。服务业国际直接投资通过竞争、示范、产业关联以及人员流动四种途径对本土服务企业发挥技术效应。众所周知，技术进步与技术变迁是产业成长的关键因素。服务业技术进步与技术变迁能够促使服务企业运用现代生产技术与生产技能，节约生产投入，改善经营效率，改进资源配置绩效，从而对服务业产业成长（经济增长）具有积极促进作用。

（2）服务业国际直接投资—就业效应—服务业产业成长（经济增长）

服务业国际直接投资对流入地的服务业就业市场产生深远影响。服务业国际直接投资的就业效应主要体现在对劳动力就业数量和就业质量的影响上。通过短期和长期就业效应，服务业国际直接投资对服务业劳动力就业数量在时序维度发挥动态效应，通过工资效应，服务业国际直接投资对劳动力就业质量（工资水平）施加影响。就业人员的数量与质量（素质）在产业成长过程中扮演重要角色，这对生产与消费同时进行、服务产品的质量与价格取决于服务业从业人员服务水平的服务业显得尤为突出。显然，具有丰富的高素质服务业从业人员对服务经济的健康快速成长意义重大。

（3）服务业国际直接投资—资本效应—服务业产业成长（经济增长）

服务业国际直接投资对服务业国内资本积累产生影响。如果服务业国际直接投资的进入与服务业国内资本形成良好的互动关系，服务业国际直接投资将对国内资本产生挤入效应，促进国内资本的形成与服务业发展；相反，如果服务业国际直接投资的进入与服务业国内资本之间表现为排斥与竞争关系，服务业国际直接投资将对国内资本具有挤出效应，不利于国内资本的形成以及内资服务企业的发展壮大，对服务业整体产业的成长也具有消极影响。

第三章 广东服务业发展与服务业利用国际直接投资的现状特征

第一节 广东服务业发展的现状特征

一 服务业产业规模

本书从服务业生产总值、服务业生产总值所占比重以及服务业内部各细分服务行业规模三个方面反映广东服务业产业规模特征。

（一）服务业生产总值

为了直观反映广东服务业生产总值在1978—2016年的增长趋势，本书绘制广东服务业生产总值发展的时间序列趋势图，如图3-1所示。

由图3-1可以看出，广东服务业生产总值在1978—2016年呈现上升趋势。1978年广东服务业生产总值仅为43.92亿元；1984年广东服务业生产总值为125.93亿元，突破百亿元大关；1993年广东服务业生产总值为1205.7亿元，突破千亿元大关；2006年广东服务业生产总值为11585.82亿元，突破万亿元大关；2016年广东服务业生产总值已经达到41816.37亿元。广东2016年服务业生产总值是1978年的952倍，在1978—2016年，广东服务业生产总值的年均增长率达到19.78%，显示了广东服务业自改革开放以来快速增长的势头。

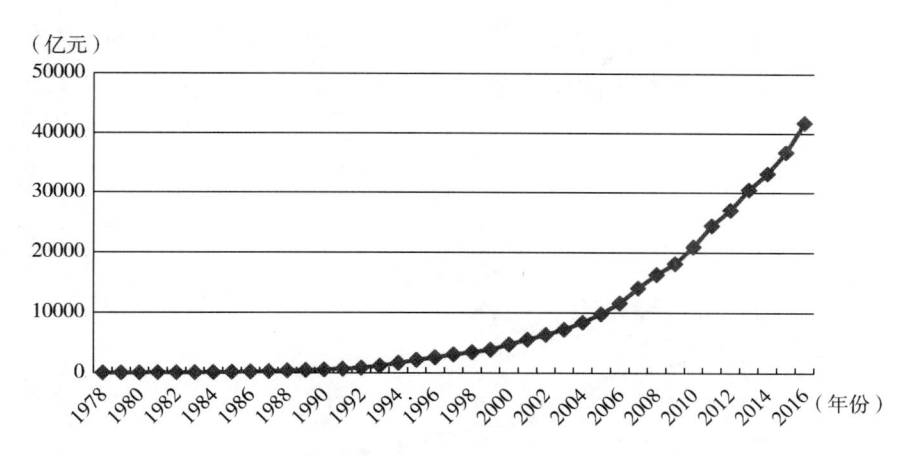

图 3 – 1　1978—2016 年广东服务业生产总值

资料来源：笔者根据《广东统计年鉴 2017》数据绘制。

同时，图 3 – 1 展现了广东服务业生产总值的发展轨迹大体上可以划分为三个阶段。第一阶段是 1978—1992 年，广东服务业发展总体上处于起步阶段，服务业发展水平总体还比较低，这主要是因为这段时期是改革开放初始阶段，市场经济体制尚不健全，服务业仍在摸索中前进，但是由于这个阶段广东服务业生产总值基数较小，这一时期广东服务业生产总值的年均增长率达到 15.55%。第二阶段是 1993—2002 年，广东服务业进入了稳定发展的上升通道，这主要得益于邓小平 1992 年"南方谈话"进一步确定了中国经济体制改革的目标是建立社会主义市场经济，以及中共中央、国务院出台的《关于加快发展第三产业的决定》等一系列政策利好，提升了企业家投资经营服务业的信心，促进了广东服务业的发展。第三阶段是 2003 年至今，广东服务业进入了前所未有的快速发展时期，服务业生产总值连创新高，中国加入世界贸易组织以及 2006 年 CEPA 的实施是这段时期广东服务业实现跨越式发展的主要诱因。

（二）服务业生产总值所占比重

改革开放以来，广东三次产业结构处于不断调整之中，产业结构不断优化，经济结构日趋合理，服务业占地区生产总值的比重平稳上升。图3-2直观地反映了广东三次产业生产总值比重的变动趋势。

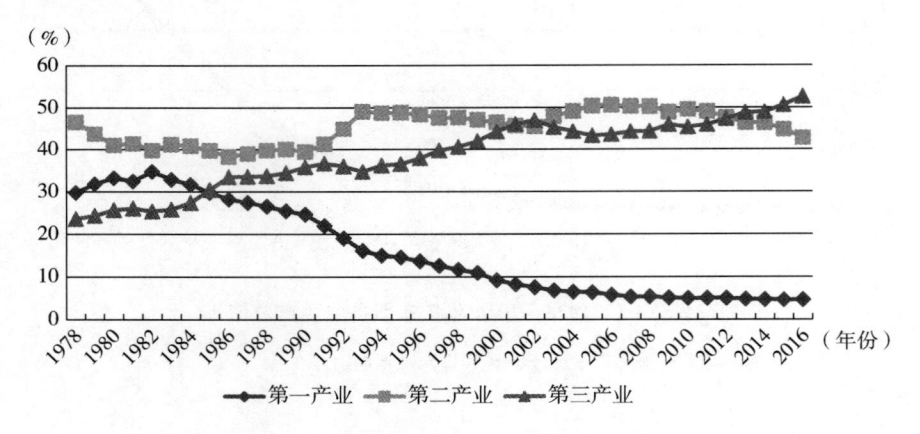

图3-2 1978—2016年广东三次产业生产总值比重

资料来源：笔者根据《广东统计年鉴2017》数据绘制。

由图3-2可以发现，1978—1984年，广东服务业发展仍然处于较低水平，服务业占地区生产总值的比重低于第一产业、第二产业，广东呈现"二一三"型产业结构，这是与改革开放初期重工重农的经济发展背景相关的。1985年以后，广东服务业获得了更大的发展动力，服务业占地区生产总值的比重也超过了第一产业，广东开始呈现"二三一"型的产业结构，显示出广东产业结构逐渐优化的趋势。此后，广东第一产业所占比重逐年下降，第二产业所占比重保持平稳略有增长态势，服务业所占比重则逐年上升。2001年，广东服务业所占比重首次超过第二产业，广东首次呈现出发达国家的"三二一"型产业结构。遗憾的是，广东这种"三二一"型产业结构并没有显示出强大的发展后劲，仅仅维持了两年。从2003年起，广东第二产业所占比重重新反超服务业，广东恢复到之前"二三一"型产业结构。广东服务业生产总值所占比重在较长一段时间内难以超越第二产业，对于这种现象的成因，张捷、张媛媛（2011）认为主要归因于广东长期以来奉行的出口导向型的经济发展模式，这种发展模式虽然有利于加快工业化发展，但却无益于广东从工业经济向服务经济的转型升级。直到2013年，广东服务业所占比重才再次超过第二产业，并且这种差距近几年呈现不断扩大的趋势，广东"三二一"型产业结构正式确立，服务业成为广东经济增长的主导产业。

（三）服务业内部各细分行业规模

由于从2005年起，《广东统计年鉴》才开始采用新的行业分类标准对各细分服务行业的生产总值进行统计，因此，本部分在分析过程中将研究期限分为1978—2004年以及2005—2010年两个阶段，其中，1978—2004年采用旧的服务业行业分类标准，2005—2010年采用新的服务业行业分类标准，分别计算这两个时期广东各细分服务行业生产总值占服务业生产总值比重，得到结果如表3-1和表3-2所示。

表3-1　广东各细分服务行业生产总值占服务业生产总值比重

（1978—2004年）　　　　　　　　单位：%

年份	地质勘查、水利管理业	交通运输、仓储和邮电通信业	批发和零售贸易、餐饮业	金融、保险业	房地产业	社会服务业	卫生、体育和社会福利业	教育、文化艺术和广播电影电视业	科学研究和综合技术服务业	国家机关、党政机关和社会团体
1978	0.80	22.88	44.15	10.31	3.23	3.73	3.12	4.03	0.75	6.65
1979	0.82	22.05	46.06	9.28	3.17	3.54	3.15	4.03	0.74	6.74
1980	0.81	21.39	46.04	9.51	3.32	3.63	3.23	4.10	0.83	6.75
1981	0.86	22.07	44.34	8.93	3.68	3.76	3.45	4.58	0.88	7.03
1982	0.89	21.23	44.07	9.24	3.92	3.81	3.58	4.71	0.95	7.14
1983	0.98	20.44	43.49	9.39	4.29	4.02	3.70	5.09	1.00	7.11
1984	0.96	20.39	43.21	9.34	4.04	4.01	3.84	5.80	1.03	6.89
1985	0.95	20.44	45.45	7.25	3.51	3.57	3.60	7.20	0.95	6.57
1986	0.97	18.00	40.21	9.33	5.24	6.16	4.56	6.40	0.98	7.64

续表

年份	地质勘查、水利管理业	交通运输、仓储和邮电通信业	批发和零售贸易、餐饮业	金融、保险业	房地产业	社会服务业	卫生、体育和社会福利业	教育、文化艺术和广播电影电视业	科学研究和综合技术服务业	国家机关、党政机关和社会团体
1987	0.97	18.72	36.65	12.05	5.78	8.28	3.93	5.74	0.96	6.37
1988	1.10	16.78	37.53	12.04	5.88	9.36	3.37	5.98	1.16	6.26
1989	1.25	16.62	28.74	15.29	8.70	10.09	3.31	6.54	1.31	7.55
1990	1.37	18.19	27.37	14.76	7.67	11.85	3.23	6.07	1.27	7.43
1991	1.27	19.94	26.74	13.65	7.79	12.67	2.94	5.56	1.14	7.55
1992	1.07	19.77	26.84	13.93	9.27	12.01	2.73	5.39	1.16	7.13
1993	1.11	19.34	28.24	12.38	10.47	11.66	2.86	5.32	1.10	6.86
1994	0.97	20.13	29.07	11.94	10.22	11.19	2.82	5.39	1.08	6.57
1995	0.88	19.97	29.87	10.57	10.64	12.05	2.71	5.43	1.05	6.29
1996	0.79	19.52	30.81	10.22	10.95	11.72	2.70	5.61	1.03	6.16
1997	0.73	20.78	30.55	9.80	11.08	11.80	2.54	5.54	1.03	5.68
1998	0.66	20.35	30.94	8.83	12.10	11.63	2.57	5.66	1.09	5.70
1999	0.60	19.75	30.26	8.53	13.03	12.01	2.64	5.86	1.15	5.72
2000	0.49	19.74	28.84	9.33	13.17	13.00	2.66	5.71	1.28	5.39
2001	0.46	20.10	27.85	8.13	12.56	14.90	2.99	5.55	1.41	5.67
2002	0.44	19.01	27.76	7.17	12.74	15.98	3.10	5.97	1.55	5.92
2003	0.42	17.60	27.99	7.44	13.31	15.24	3.30	6.29	1.59	6.49
2004	0.42	16.97	27.76	7.21	13.20	15.74	3.39	6.51	1.77	6.68

资料来源：笔者根据相关年份《广东统计年鉴》数据整理计算。

由表3-1可以看出，1978—2004年，在广东各服务行业生产总值占服务业生产总值比重中占比最高的服务行业是批发和零售贸易、餐饮业，虽然其比重由1978年的44.15%下降到2004年的27.76%，但仍然是2004年中服务行业占比最高的。在1978—2004年，批发和零售贸易、餐饮业生产总值占服务业生产总值的年平均比重达到了34.48%，显示了在这段时期批发和零售贸易、餐饮业在广东服务业整体发展中的绝对优势地位。排在第二位的是交通运输、仓储和邮电通信业，虽然其比重也呈现出一定的下降趋势，由 1978 年的 22.88% 下降到 2004 年的 16.97%，但是在大多数年份其比重都稳定地维持在 20% 左右，平均比重达到 19.71%。这两个劳动密集型服务行业比重之和在 1978—2004 年大多数年份占据了半壁江山，其中两者之和比重最大的年份（1979 年）更是达到了 68.11%，充分显示了在 1978—2004 年，广东服务业以劳动密集型服务业为主体的产业结构。诚然，广东服务业这种产业结构的形成是与广东在全球生产网络中的分工地位密切相关的，是广东越来越深入地介入国际分工体系的直接结果。其他行业方面，金融保险业所占比重曾在 1987—1996 年的十年内上升到 10% 以上，但从 1997 年起，其比重开始有所下降，维持在 8% 左右的状态。房地产业和社会服务业所占比重在 1978—2004 年基本保持稳步上升态势，分别由 1978 年的 3.23% 和 3.73% 上升到 2004 年的 13.20% 和 15.74%。教育、文化艺术和广播电影电视业所占比重基本维持在 5% 左右，同样维持稳定的还有国家机关、党政机关和社会团体，其比重一直在 5%—7% 小幅波动。地质勘查、水利管理业以及科学研究和综合技术服务业这两个服务行业所占比重较低，大多数年份都在 1.5% 以下。

表 3-2 广东各细分服务行业生产总值占服务业生产总值比重
（2005—2016 年） 单位：%

年份 服务行业	2005	2006	2007	2008	2009	2010	2011	2012	2013	2014	2015	2016
交通运输、仓储和邮政业	10.14	9.61	8.91	8.50	8.84	8.81	8.67	8.93	8.54	8.25	7.95	7.67
信息传输、计算机服务和软件业	7.04	6.99	6.58	—	7.15	6.63	6.24	6.10	—	6.02	6.19	6.88
批发和零售业	22.74	21.94	19.93	20.26	21.64	22.44	23.58	23.88	23.08	23.41	20.69	20.05

续表

年份 服务行业	2005	2006	2007	2008	2009	2010	2011	2012	2013	2014	2015	2016
住宿和餐饮业	5.33	5.30	5.09	—	5.24	5.19	4.95	4.93	—	4.01	3.93	3.75
金融业	6.89	8.05	12.77	12.97	12.65	12.84	12.10	11.96	12.51	13.39	15.62	14.65
房地产业	14.90	15.40	15.21	13.54	13.69	13.59	13.78	13.74	13.79	13.51	13.89	14.90
租赁和商务服务业	7.91	7.66	6.78	—	7.30	7.55	8.02	8.04	—	7.63	6.98	7.10
科学研究、技术服务和地质勘查业	2.14	1.92	1.83	—	2.30	2.34	2.27	2.25	—	2.90	3.03	2.79
水利、环境和公共设施管理业	1.23	1.23	1.24	—	0.94	0.94	0.95	0.93	—	0.98	1.23	1.28
居民服务和其他服务业	3.53	3.39	3.27	—	3.74	3.52	3.55	3.38	—	3.11	3.09	3.14
教育	5.40	4.97	4.78	—	5.20	5.13	5.09	5.21	—	5.57	5.74	5.84
卫生、社会保障和社会福利业	2.99	2.69	2.38	—	3.16	3.09	3.13	3.22	—	3.69	3.84	3.91
文化、体育和娱乐业	1.52	1.47	1.40	—	1.29	1.36	1.36	1.24	—	0.98	0.95	0.95
公共管理和社会组织	6.47	6.01	5.38	—	6.86	6.58	6.31	6.17	—	6.11	6.42	6.67

资料来源：笔者根据相关年份《广东统计年鉴》数据整理计算。

由表 3-2 可以看出，2005—2016 年，广东各服务行业生产总值占服务业生产总值比重最高的是批发和零售业，十二年间其比重稳定地维持在 20% 左右，考虑到批发和零售业基本属于服务业旧分类标准中批发和零售贸易、餐饮业的一个子集，因此，批发和零售业在所有服务行业中所占比重最高也就不难理解。房地产业取代了交通运输、仓储和邮政业，排在了第二的位置，2005—2016 年其年平均比重达到

14.16%。如果结合房地产业在1978—2004年的表现，我们可以发现房地产业比重在1978—2016年基本都维持上升阶段，这充分展现了广东房地产业的"热度"。劳动密集型的交通运输、仓储和邮政业比重由2005年的10.14%下降到2016年的7.67%。资本和知识密集型的金融业比重由2005年的6.89%上升到2016年的14.65%，如果结合金融（保险）业在1978—2004年的表现，我们可以发现，广东金融业在1997年亚洲金融危机爆发后经历了一段低潮，其比重有所下降；从2007年起，金融业发展开始强劲反弹，此后比重一直维持在12%以上，2005—2016年金融业平均比重达到12.2%，在所有服务行业中位居第三。公共管理和社会组织比重大体维持在6%左右，如果对比公共管理和社会组织比重（即旧分类标准中的国家机关、党政机关和社会团体）在1978—2004年的表现，我们可以发现，该行业自改革开放至今一直保持着非常稳定的发展趋势，并没有出现大起大落的状况，展现了广东在公共管理和社会组织建设中的连贯性、一致性和稳定性。2005—2016年，住宿和餐饮业比重呈现逐渐下降趋势，由2005年的5.33%下降到2016年的3.75%，一方面展现出劳动密集型的住宿和餐饮业在近十年中面临的市场竞争愈发激烈，另一方面也展现出住宿和餐饮业市场已经日趋饱和的状态。其他服务行业所占比重在2005—2016年基本保持稳定，信息传输、计算机服务和软件业比重在6%—7%小幅浮动，租赁和商务服务业比重在7%—8%小幅浮动，居民服务和其他服务业比重维持在3.5%左右，教育比重在5%上下小幅波动、近年来呈现微幅上涨趋势，卫生、社会保障和社会福利业比重在3%上下波动。科学研究、技术服务和地质勘查业近年来比重上升至3%左右，水利、环境和公共设施管理业，文化、体育和娱乐业两个服务行业所占比重较小，每年都在2%以下，其中，比重最小的是水利、环境和公共设施管理业，2005—2016年其年平均比重仅为1%左右。

二 服务业就业规模

从服务业就业人数、服务业就业人数所占比重以及服务业内部各细分行业就业规模三方面反映广东服务业就业规模状况。

(一) 服务业就业人数

改革开放以来,随着广东服务业的逐渐发展,服务业就业人数逐步上升,服务业日渐成为广东吸纳劳动力就业的主力军。

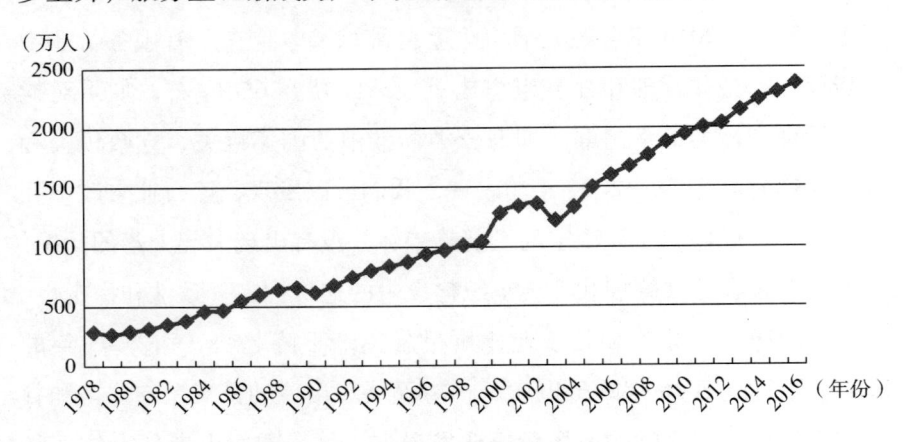

图 3-3　1978—2016 年广东服务业就业人数

资料来源:笔者根据《广东统计年鉴 2017》数据自行绘制。

由图 3-3 可以看出,1978—2016 年,广东服务业就业人数上升趋势明显。1978 年,广东服务业就业人数仅为 286 万人;1998 年,广东服务业就业人数突破千万人大关,达到 1014.58 万人;2011 年,广东服务业就业人数突破两千万,达到 2006.92 万人;2016 年,广东服务业就业人数达到历史新高 (2370.72 万人),这一数字是 1978 年的 8.29 倍。1978—2016 年,广东服务业就业人数年均增长率达到 5.72%。从图 3-3 可以看出,除了 2003 年"非典"疫情的影响使得广东服务业就业人数出现较为明显的下降以外 (广东服务业就业人数由 2002 年的 1358.53 万人下降到 2003 年的 1221.05 万人），其余年份广东服务业就业人数大体保持递增趋势，显示出广东服务业就业人数快速增长的势头。2012 年以来，广东服务业就业人数每年递增近百万人。

（二）服务业就业人数所占比重

服务业就业人数所占比重的变动反映一个地区就业结构的变动，同时也从一个侧面反映该地区服务业所处的地位，改革开放以来广东服务业就业人数所占比重的变化趋势如图 3-4 所示。

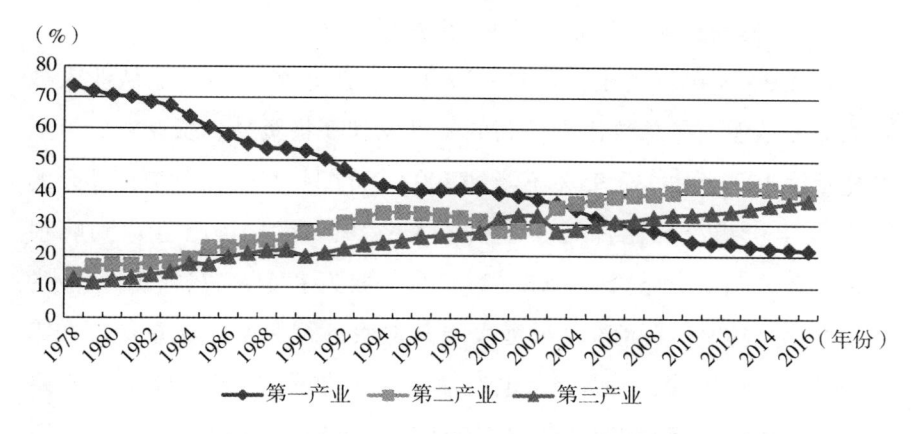

图 3-4　1978—2016 年广东三次产业就业人数所占比重

资料来源：笔者根据《广东统计年鉴 2017》数据自行绘制。

从图 3-4 可以发现，改革开放以来，广东服务业就业人数所占比重大体呈现逐渐上升的趋势，由 1978 年的 12.6% 上升到 2016 年的 37.8%，这一方面显示出广东服务业在这三十多年获得了较快的发展，另一方面也显示出服务业在吸收劳动力就业方面的巨大容量。同样，广东第二产业就业人数所占比重也处于上升趋势，由 1978 年的 13.7% 上升到 2016 年的 40.5%。相反，广东第一产业就业人数所占比重则呈现显著下降态势，由 1978 年的 73.7% 下降到 2016 年的 21.7%，反映出广东劳动力不断从劳动生产率较低的农业向劳动生产率较高的第二产业和服务业转移的趋势，广东就业结构逐渐趋于合理。值得一提的是，广东服务业就业人数所占比重曾在2000—2002年超过第二产业，但好景不长，从2003年起，第二产业就业人数所占比重再次超越服务业，并一直维持至今。2006年以来，广东服务业就业人数所占比重超过第一产业，广东开始呈现"二三一"型就业结构，并一直维持至今。同时，可以看出，近年来广东服务业就业人数所占比重呈现出比第二产业更为陡峭的增长趋势，表明今后广东服务业相比于第二产业具有更大的就业潜力，广东服务业就业人数所占比重超越第二产业指日可待。

（三）服务业内部各细分行业就业规模

由表3-3可以看出，1993—2002年，广东各服务行业从业人数占服务业从业人员总数比重最高的是批发和零售贸易、餐饮业，虽然其比重由1993年的37.95%下降到2002年的34.24%，但是在其余的大多数年份里，其比重处于上升态势；1999年，其比重达到峰值（40.07%）后开始下降。1993—2002年，批发和零售贸易、餐饮业的年平均比重达到37.66%，远远大于其他服务行业所占比重。排在第二位的是交通运输、仓储和邮电通信业，其比重呈现出先上升后下降的趋势，比重最高的年份出现在1994年，达到16.30%，此后开始下降，2002年已经降到10.48%。教育、文化艺术和广播电影电视业从业人数所占比重排在第三位，表3-3显示其比重一直保持在比较稳定的状态，十年期间其年平均比重为11.37%。上述三个服务行业从业人数所占比重之和在2/3左右，是1993—2002年广东各服务行业中从业人员集中度最高的服务行业。值得关注的是，社会服务业所占比重有较大幅度的提高，由1993年的6.86%上升到2002年的9.86%，表明其在创造就业岗位，吸收劳动就业方面发挥着越来越大的作用。相反，国家机关、党政机关和社会团体所占比重十年间由9.71%下降到4.93%，反映出广东各级政府以及社会组织在精简机构、提高效率方面所做的努力。其余服务行业所占比重在这期间都波动不大，卫生、体育和社会福利业比重在3.70%—4.61%波动，房地产业比重由1.28%

上升到 2.83%。科学研究和综合技术服务业以及地质勘查、水利管理业这两个服务行业从业人数所占比重最低,大多数年份都在1%以下。

表3-3　　　广东各服务行业从业人员年末人数比重

(1993—2002年)　　　　　　　　　　　　单位:%

年份	地质勘查、水利管理业	交通运输、仓储和邮电通信业	批发和零售贸易、餐饮业	金融、保险业	房地产业	社会服务业	卫生、体育和社会福利业	教育、文化艺术和广播电影电视业	科学研究和综合技术服务业	国家机关、党政机关和社会团体
1993	0.82	15.71	37.95	2.79	1.28	6.86	4.51	11.92	1.03	9.71
1994	0.60	16.30	38.44	2.99	1.07	7.04	4.54	12.22	1.19	8.61
1995	0.55	15.89	39.02	3.13	1.05	7.22	4.40	12.32	1.00	8.58
1996	0.56	15.17	38.54	3.19	1.11	7.23	4.61	12.51	0.94	8.48
1997	0.53	14.64	39.38	3.25	1.13	7.15	4.48	12.23	0.92	8.03
1998	0.49	13.98	39.70	3.33	1.22	7.41	4.49	11.94	0.88	7.97
1999	0.47	13.51	40.07	3.31	1.23	7.73	4.53	11.87	0.86	7.92
2000	0.35	10.98	35.13	2.60	1.22	9.13	3.82	9.79	0.71	6.41
2001	0.32	10.72	34.13	2.44	1.29	9.67	3.70	9.44	0.68	6.00
2002	0.30	10.48	34.24	2.44	2.83	9.86	3.77	9.42	0.70	4.93

资料来源:笔者根据相关年份《广东统计年鉴》以及《数说广东六十年(1949—2009)》数据整理计算。

表3-4　　　广东各服务行业从业人员年末人数比重

(2003—2016年)　　　　　　　　　　　　单位:%

年份 服务行业	2003	2004	2005	2006	2007	2008	2009	2010	2011	2012	2013	2014	2015	2016
交通运输、仓储和邮政业	8.84	8.51	7.86	7.58	7.26	6.87	7.48	7.61	8.09	7.88	8.05	8.11	8.05	7.88

续表

年份 服务行业	2003	2004	2005	2006	2007	2008	2009	2010	2011	2012	2013	2014	2015	2016
信息传输、计算机服务和软件业	2.42	2.56	2.45	2.64	2.75	2.83	2.88	2.86	2.89	3.05	3.62	3.62	3.77	4.01
批发和零售业	34.31	36.86	37.56	37.36	36.71	38.19	37.81	37.63	39.46	38.77	38.51	36.06	35.68	35.61
住宿和餐饮业	13.47	10.78	11.13	11.07	11.02	10.73	10.94	10.83	10.63	10.86	10.62	9.87	9.92	9.93
金融业	2.38	2.23	1.99	1.88	1.96	2.13	2.18	2.30	2.81	2.83	2.51	2.37	2.41	2.45
房地产业	2.18	2.66	2.96	3.09	3.76	3.56	3.43	3.24	3.55	3.62	4.04	4.46	4.55	4.57
租赁和商务服务业	2.90	3.67	4.08	4.46	4.64	4.94	5.00	5.59	4.42	4.47	5.14	6.50	6.89	6.93
科学研究、技术服务和地质勘查业	1.04	1.15	1.09	1.09	1.46	1.92	1.89	2.18	1.56	1.64	1.98	2.31	2.40	2.46
水利、环境和公共设施管理业	1.25	1.04	1.03	0.99	1.08	1.06	1.02	0.93	1.02	1.08	1.09	1.15	1.13	1.11
居民服务和其他服务业	12.88	11.71	12.01	12.66	12.51	10.57	10.54	10.39	8.33	8.25	8.04	7.50	7.52	7.39
教育	8.30	8.08	7.56	7.12	6.93	6.93	6.97	6.75	6.79	6.79	6.36	6.96	6.87	6.80
卫生、社会保障和社会福利业	3.10	3.07	2.94	2.86	2.80	2.83	2.84	2.92	3.00	3.12	2.88	3.12	3.08	3.08

续表

年份 服务行业	2003	2004	2005	2006	2007	2008	2009	2010	2011	2012	2013	2014	2015	2016
文化、体育和娱乐业	1.01	1.09	1.14	1.20	1.25	1.49	1.21	1.15	1.19	1.21	1.18	1.28	1.25	1.26
公共管理和社会组织	5.93	6.60	6.19	5.99	5.87	5.94	5.80	5.61	6.24	6.23	5.85	6.46	6.36	6.23

资料来源：笔者根据相关年份《广东统计年鉴》以及《数说广东六十年（1949—2009）》数据整理计算。

由表3-4可以看出，2003—2016年，广东各服务行业从业人数占服务业从业人员总数比重最高的服务行业是批发和零售业，其间每年的比重都在34%—40%，在其余服务行业中占据绝对优势，批发和零售业属于服务业旧分类标准中批发和零售贸易、餐饮业的一个子集，批发和零售业在所有服务行业中所占比重最高也承接了批发和零售贸易、餐饮业在1993—2002年的排名第一。虽然住宿和餐饮业、居民服务和其他服务业这两个行业最近几年比重有所下降，但是仍然排在第二、第三位。交通运输、仓储和邮政业也是吸纳劳动力较多的一个行业，2003—2016年，其从业人数年平均比重为7.86%。金融业从业人数的比重在2%—3%波动，结合其在1993—2002年的表现，可以发现金融业从业人数比重在相当长的一段时间内都能够保持大体稳定，没有出现太大波动。房地产业比重由2003年的2.18%上升到2016年的4.57%，结合房地产业从业人数比重在1993—2002年同样处于上升通道，可以清晰看出房地产业近二十年成为求职大军就业的新动向，当然，这也与广东近年来的房地产投资热潮、房地产业利润可观等因素是息息相关的。公共管理和社会组织从业人数比重维持在6%左右，对比其之前（即在1993—2002年的国家机关、党政机关和社会团体）的下降趋势，可以发现广东各级政府和社会组织近年来似乎已经"找到"能够实现效率最大化的合理劳动力需求数量,其从业人数的比重也大体稳定下来。教育从业人数所占比重由 2003 年的 8.30% 下降到 2016 年的 6.80%;相反,租赁和商务服务业比重由 2.90% 快速攀升至 6.93%,展现了加入世界贸易组织后广东商务活动的欣欣向荣。其他行业比重基本保持稳定,信息传输、计算机服务和软件业比重近年来有明显的上升趋势;卫生、社会保障和社会福利业比重在 3% 左右;科学研究、技术服务和地质勘查业,水利、环境和公共设施管理业以及文化、体育和娱乐业三个服务行业从业人数所占的比重最低。

综合表 3-3 和表 3-4,我们不难发现,广东服务业从业人员主要集中在批发和零售业,住宿和餐饮业,交通运输、仓储和邮政业等劳动密集型服务行业,表明劳动密集型服务行业是广东服务业吸纳劳动力的主力军;而金融业等知识、资本和技术密集型服务行业从业人员的比重有待提高。广东这种劳动密集型服务业行业为主体的就业结构与广东在全球生产网络价值链分工中所处的地位是密切相关的,同时,也体现了广东的比较优势。

三 服务业全要素生产率

本节采用基于数据包络分析(DEA)的 Malmquist 指数对广东服务业总体以及各细分服务行业的全要素生产率进行测算,并分解为技术进步指数和技术效率指数两部分,详细分析广东服务业总体以及各细分服务行业全要素生产率指数(技术进步指数、技术效率指数)的变动趋势,探求广东服务业全要素生产率变动的内在原因。

采用基于 DEA 的 Malmquist 指数测算广东服务业全要素生产率,需要知道关于广东服务业投入与产出的有关数据,即服务业产出、服务业资本存量与服务业劳动力数量。其数据来源以及处理过程阐释如下:

（一）服务业产出

采用广东第三产业生产总值作为服务业产出的衡量指标，运用居民消费价格指数（1983 = 100）将服务业产出折算为实际值。各服务行业生产总值数据分时段获取方式如下，1985—2002 年数据来源于《广东统计年鉴 2003》，2003—2010 年各服务行业增加值数据来源于《广东统计年鉴》（2006—2011）各期。由于统计年鉴中服务业行业分类统计标准改变，我们无法获得 2003 年和 2004 年新分类标准下除了交通运输、仓储和邮政业，批发和零售业，金融业以及房地产业以外其他服务行业增加值的数据，本书参照学者的普遍做法，采用两年算术平均的方式将缺失数据补全。另外，《广东统计年鉴 2009》也没有给出 2008 年除了交通运输、仓储和邮政业，批发和零售业，金融业以及房地产业以外其他服务行业增加值的数据，本书同样采用前后两年算术平均的方法将缺失数值补全。

（二）服务业资本存量

资本存量的估计一直是中国学术界的热点与难点问题。具有代表性的研究成果有黄勇峰等（2002）对中国 1985—1995 年制造业资本存量、张军等（2004）对中国 1952—2000 年省际物质资本存量、金戈（2012）对中国 1953—2008 年基础设施资本存量进行的估算等。本书将沿用已有研究的基本思路，采用国际上通用的由 Goldsmith（1951）开创的永续盘存法（Perpetual Inventory Method）对广东服务业的资本存量进行估计。

永续盘存法的基本思想是本期的资本存量等于上期的资本存量加上本期的投资，并减去资本折旧。用公式表示为：

$$SK_t = (1 - \delta) SK_{t-1} + I_t$$

其中 SK_t 表示本期的资本存量，SK_{t-1} 表示上期的资本存量，I_t 表示本期实际投资额，δ 表示资本折旧率。本书与杨勇（2008），王恕立、胡宗彪（2012）一样，采用服务业全社会固定资产投资额作为本期服务业投资额的度量,并用广东居民消费价格指数(1983 = 100)将其化为剔除物价影响的实际值。各服务行业固定资产投资额分时间段获取方式如下,2009 年与 2010 年直接取自《广东统计年鉴》中各服务行业固定资产投资额;由于 2009 年之前《广东统计年鉴》并未直接统计各服务行业固定资产投资数据,本书与杨向阳、徐翔(2006),原毅军、刘浩、白楠(2009)一样,采用各服务行业基本建设投资以及更新改造投资额合计代替各服务业行业固定资产投资①(将房地产开发投资归入房地产业中,即房地产业固定资产投资为房地产业基本建设投资、更新改造投资以及房地产开发投资之和②)。对于基年服务业资本存量的度量,本书借鉴 Harberger(1978)提出的稳态方法(steady-state method),得出基年服务业资本存量的估计公式:

$$SK^{1983} = \frac{I^{1983}}{g+\delta}$$

其中 g 为计算期内广东服务业实际产出的平均增长率③,δ 表示资本折旧率。对于服务业资本折旧率 δ 的确定,本书与 Wu(2009)以及王恕立、胡宗彪(2012)一样,选取 4% 作为服务业资本折旧率。对于服务业内部各细分行业的资本折旧率,考虑到各服务行业发展的

---

① 由于《广东统计年鉴》(1986—1994)基本建设投资和更新改造投资的统计中服务业的分类标准发生了改变,没有直接统计房地产业的基本建设投资和更新改造投资额,1985—1993 年房地产业的基本建设投资和更新改造投资额本书采用年鉴中的房地产管理业基本建设和更新改造投资额替代。同样,批发和零售贸易、餐饮业 1985—1993 年基本建设和更新改造投资额用商业、公共饮食业、物资供销业基本建设和更新改造投资额替代。社会服务业 1985—1993 年基本建设和更新改造投资额用公用事业、居民服务和咨询服务业基本建设和更新改造投资额替代。地质勘查、水利管理业 1985—1993 年基本建设和更新改造投资额合计为地质普查和勘探业以及水利业基本建设和更新改造投资额合计。

② 1986—1992 年房地产开发投资为全民所有制单位商品房投资额。1985 年房地产开发投资为全民所有制单位非生产性建设中的住宅投资额。

③ 由于从《广东统计年鉴》(2004—2011)中只能得到交通运输、仓储和邮政业,批发和零售业,金融业,房地产业等服务业行业的年增长率,对于其他服务行业年均增长率的计算,本书采用广东第三产业整体年均增长率表示。

异质性，各服务行业的资本折旧率理论上应该区别对待，即不同的服务行业具有不同的资本折旧率，以反映各细分服务行业自身发展规律，但是由于服务业细分行业数据极其匮乏，我们无法获取各细分服务行业的资本折旧率。Lee 和 Hong（2012），王恕立、胡宗彪（2012），Barro 和 Lee（2010）将各细分服务行业资本折旧率设定为相同。本书参照上述学者的做法，将广东各细分服务行业的资本折旧率统一设定为4%。

（三）服务业劳动力数量

理论上，服务业劳动投入应该是包括劳动人数、劳动时间以及劳动效率等能够综合反映劳动投入数量和质量的指标。但是鉴于数据的可获得性，我们无法获得劳动时间以及劳动效率等指标，因此本书和大多数测算服务业全要素生产率的学者一样，采用广东服务业就业人数作为服务业劳动投入的衡量指标。不同时间段中各服务行业就业人数获取方式说明如下，2003 年及以后年份数据取自历年《广东统计年鉴》中各行业职工年末人数中的各服务行业职工年末人数，其中，2007—2010 年为各服务行业城镇单位在岗职工年末人数。2003 年以前数据取自《广东统计年鉴》（1986—2003）中各服务行业职工年末人数。[①] 需要说明的是，由于《广东统计年鉴》（1986—1993）在各服务行业职工年末人数的统计中服务业的分类标准发生变化，并没有对 1985—1992 年的房地产业以及社会服务业这两个服务行业的职工年末人数做出统计，只是统计了房地产（管理）、公用事业、居民和咨询服务业的职工年末人数。可以看出，房地产（管理）、公用事业、居民和咨询服务业大体上可以看作其后年份分类标准中房地产业与社会服务业的合并。因此，对于房地产业与社会服务业 1985—1992 年职工

---

① 由于《广东统计年鉴》（1986—1993）各服务行业职工年末人数的统计中服务业的分类标准发生了改变，本书用相似的服务行业职工年末人数进行替代。其中，1985—1992 年地质勘查、水利管理业职工年末人数为地质普查和勘探业职工年末人数。1985—1992 年交通运输、仓储和邮电通信业职工年末人数为交通运输、仓储和邮电通信业职工年末人数。1985—1992 年批发和零售贸易、餐饮业职工年末人数为商业、公共饮食业、物资供销业职工年末人数。

年末人数的近似估算本书采取以下办法：首先，求出 1993—2002 年这十年房地产业职工年末人数占房地产业＋社会服务业职工年末人数之和比重的平均数，再用房地产（管理）、公用事业、居民和咨询服务业 1985—1992 年职工年末人数乘以该比重，得到 1985—1992 年房地产业职工年末人数。相应地，社会服务业 1985—2002 年职工年末人数则为房地产（管理）、公用事业、居民和咨询服务业 1985—1992 年职工年末人数减去上面估算得到的房地产业在相应年份的职工年末人数。此外，对于 1985—1988 年职工年末人数，《广东统计年鉴》并没有直接汇总，所有服务行业 1985—1988 年职工人数都为统计年鉴中全民所有制单位职工、城镇集体所有制单位职工以及其他所有制单位职工的合计。

采用 DEAP2.1 软件，对广东服务业整体的 Malmquist 生产率指数进行测算并分解，得到结果如表 3-5 所示：

表 3-5　　广东服务业整体的 Malmquist 生产率指数及其分解
（1985—2010 年）

年份		effch	techch	pech	sech	tfpch
1985—2002 年	1986/1985	0.925	1.303	1.053	0.879	1.205
	1987/1986	0.873	1.314	0.967	0.903	1.147
	1988/1987	1.129	0.917	0.992	1.138	1.036
	1989/1988	0.916	1.187	1.027	0.892	1.088
	1990/1989	1.077	1.079	1.035	1.041	1.162
	1991/1990	1.076	1.061	1.012	1.064	1.142
	1992/1991	0.984	1.13	0.975	1.009	1.112
	1993/1992	1.085	0.881	0.949	1.144	0.956
	1994/1993	1.057	0.995	1.048	1.009	1.052
	1995/1994	1.128	0.914	1.009	1.118	1.032
	1996/1995	1.023	0.986	0.992	1.032	1.009
	1997/1996	1.032	1.045	0.979	1.055	1.079

续表

年份		effch	techch	pech	sech	tfpch
1985—2002 年	1998/1997	1.086	0.987	1.002	1.084	1.071
	1999/1998	1.000	1.082	0.995	1.004	1.082
	2000/1999	0.891	1.291	0.954	0.934	1.151
	2001/2000	1.102	1.033	1.025	1.075	1.138
	2002/2001	1.019	1.093	1.004	1.015	1.114
2003—2010 年	2004/2003	1.015	1.013	0.974	1.043	1.029
	2005/2004	1.000	0.923	1.033	0.968	0.923
	2006/2005	1.037	1.002	0.968	1.071	1.04
	2007/2006	1.063	1.053	0.96	1.108	1.12
	2008/2007	0.979	1.125	1.03	0.951	1.102
	2009/2008	1.033	1.063	0.972	1.062	1.097
	2010/2009	1.053	0.976	0.974	1.081	1.027

由表 3-5 可以看出，1985—2010 年，广东服务业整体全要素生产率基本呈现正增长。通过将全要素生产率指数（tfpch）分解为技术效率指数（effch）和技术进步指数（techch），可以发现技术效率指数与技术进步指数也在大部分年份呈现正增长态势。这一方面表明广东在服务产品生产过程中各种投入要素得到合理有效的开发和利用，资源得到优化配置，使得服务业的生产经营活动不断向潜在的生产可能性曲线逼近，服务业整体的生产效率不断提高；另一方面说明在服务产品的生产过程中，服务企业的生产技术水平总体上不断提升，使得服务业生产的潜在生产可能性曲线不断向更高水平扩张。

通过将技术效率指数（effch）进一步分解为纯技术效率指数（pech）和规模效率指数（sech），我们可以发现，在大多数年份，规模效率的提升是广东服务业技术效率提升的主要因素，这一结论与王恕立、胡宗彪（2012）针对中国服务业生产率的研究结论一致，表明在信息社会，现代服务业的生产和消费逐渐摆脱传统服务业生产和消费的时间和空间一致的束缚，越来越多的服务产品（例如远程网络课堂、网络咨询等）变得可以储存，伴随这些服务产品逐步突破生产和消费过程同步发生的制约，服务这种"无形"产品的生产也能展现出一般"有形"产品的规模经济特征，并成为促进广东服务业技术效率改善的主要诱因。

同样，对广东各细分服务行业的 Malmquist 生产率指数进行测算并分解，得到结果如表 3-6 所示：

表 3-6　广东各细分服务行业的 Malmquist 生产率指数及其分解（1985—2010 年）

时间	行业	effch	techch	pech	sech	tfpch
1985—2002 年	地质勘查、水利管理业	1.005	1.071	1.000	1.005	1.077
	交通运输、仓储和邮电通信业	1.048	1.072	1.008	1.040	1.123
	批发和零售贸易、餐饮业	1.023	1.074	1.000	1.023	1.099
	金融、保险业	1.000	1.056	1.000	1.000	1.056
	房地产业	1.008	1.103	1.000	1.008	1.113
	社会服务业	1.077	1.071	1.056	1.020	1.153
	卫生、体育和社会福利业	1.007	1.064	0.985	1.022	1.072
	教育、文化艺术和广播电影电视业	0.99	1.058	0.970	1.020	1.046
	科学研究和综合技术服务业	1.033	1.061	1.000	1.033	1.096
	国家机关、党政机关和社会团体	1.019	1.060	0.988	1.031	1.080
	平均值	1.021	1.069	1.001	1.020	1.091
2003—2010 年	交通运输、仓储和邮政业	0.981	1.027	0.918	1.069	1.008
	信息传输、计算机服务和软件业	1.05	1.027	0.989	1.062	1.079
	批发和零售业	0.992	1.000	1.000	0.992	0.992
	住宿和餐饮业	1.028	1.009	0.994	1.034	1.036
	金融业	1.047	1.052	1.045	1.002	1.101
	房地产业	1.016	1.027	0.984	1.032	1.044
	租赁和商务服务业	1.021	1.024	0.937	1.090	1.045
	科学研究、技术服务和地质勘查业	1.000	1.027	0.937	1.067	1.027
	水利、环境和公共设施管理业	1.055	1.027	0.995	1.060	1.083
	居民服务和其他服务业	1.000	0.999	1.000	1.000	0.999
	教育	1.051	1.027	1.010	1.041	1.080

续表

时间	行业	effch	techch	pech	sech	tfpch
2003—2010 年	卫生、社会保障和社会福利业	0.990	0.986	0.984	1.006	0.976
	文化、体育和娱乐业	1.064	1.027	1.008	1.055	1.093
	公共管理和社会组织	1.067	1.027	1.024	1.042	1.095
	平均值	1.025	1.020	0.987	1.039	1.046

由表3-6可以看出，1985—2002年，广东全要素生产率年均增长最快的服务行业是社会服务业，其年均增长率达到15.3%；而2003—2010年，全要素生产率年均增长最快的服务行业是金融业，其年均增长率达到10.1%。

在1985—2002年以及2003—2010年两个时期，虽然服务业的行业分类标准发生了改变，使得多数服务行业全要素生产率的变动在这两个时期无法直接纵向比较，但是有三个服务行业可以视为在这两个时期基本没变，它们是金融业（对应于1985—2002年金融、保险业）、公共管理和社会组织（对应于1985—2002年国家机关、党政机关和社会团体）以及房地产业。考察这三个行业Malmquist生产率指数在这两个时期的变动，我们可以发现，金融业Malmquist生产率指数由1985—2002年的年均5.6%增长到2003—2010年的年均10.1%，说明在中国加入世界贸易组织以及加快服务业对外开放的背景下，广东金融业在外部环境的竞争与冲击下，不断加快效率的改进与技术的提升，使得金融业的Malmquist生产率指数获得快速的增长。公共管理和社会组织的Malmquist生产率指数由1985—2002年的年均8%增长到2003—2010年的年均9.5%，反映了广东各级机关以及社会组织近年来不断提高服务效率、精简机构、构建服务型组织所获得的成效。房地产业的Malmquist生产率指数由1985—2002年的年均11.3%降低到2003—2010年的年均4.4%，显示了广东近年来房地产业的繁荣并不是伴随着全要素生产率的提高；相反，大量的投机热钱涌入房地产业使得房地产出现过度投资的倾向，其结果是房地产业生产率的下降以及房价的高企，为了广东房地产业的健康发展，各项调控措施的出台势在必行。

同样，可以看出，几乎所有服务行业的全要素生产率、技术效率以及技术进步率都呈现正增长，表明和服务业整体一样，广东各细分服务行业在服务产品生产过程中合理有效地开发和利用各种投入要素，有效配置各项资源，使得各服务行业的生产经营活动不断向各自潜在的生产可能性曲线逼近，各服务行业整体的生产效率不断提高；另一方面说明在服务产品的生产过程中，各服务行业的生产技术水平不断提升，使得各服务行业的生产可能性曲线不断向更高水平扩张。

为了进一步考察在新的服务行业分类标准下各细分服务行业全要素生产率指数、技术进步指数以及技术效率指数的变动趋势，本书将 DEAP 2.1 软件测算并分解的结果列示如表 3–7、表 3–8、表 3–9 所示：

表 3–7　　　　　广东各细分服务行业全要素生产率指数

年份 行业	2004	2005	2006	2007	2008	2009	2010
交通运输、仓储和邮政业	1.066	0.658	1.094	1.15	1.046	1.084	1.057
信息传输、计算机服务和软件业	1.101	1.071	1.098	1.049	1.149	1.131	0.965
批发和零售业	0.987	0.664	0.879	1.121	1.095	1.216	1.101
住宿和餐饮业	1.002	0.834	1.02	1.12	1.128	1.142	1.043
金融业	0.935	1.017	1.257	1.732	0.992	1.000	0.957
房地产业	0.938	1.100	1.104	1.172	0.958	1.058	0.998
租赁和商务服务业	1.073	0.854	1.022	1.071	1.142	1.084	1.098
科学研究、技术服务和地质勘查业	0.918	0.908	0.994	1.051	1.209	1.196	0.957
水利、环境和公共设施管理业	1.245	1.095	1.118	1.171	0.951	0.966	1.067
居民服务和其他服务业	1.004	0.932	0.956	0.988	1.135	1.04	0.955
教育	1.05	1.043	1.04	1.105	1.145	1.117	1.065
卫生、社会保障和社会福利业	0.934	0.852	0.896	0.942	1.206	1.088	0.958
文化、体育和娱乐业	1.135	1.016	1.092	1.139	1.066	1.055	1.154
公共管理和社会组织	1.067	1.04	1.045	1.026	1.257	1.222	1.035

由表 3-7 可以发现，2004—2010 年，各服务行业的全要素生产率基本上都呈现提升态势。其中，全要素生产率年均增长速度最快的服务行业是金融业，其年均增长率达到 10.1%，清楚地表明在中国加入世界贸易组织以及广东率先加快服务业对外开放的进程中，金融业在外资的竞争压力下不断进行技术创新，改善经营管理理念，提高全要素生产率；公共管理和社会组织全要素生产率增长速度排在第二位，年均增长率达到 9.5%，体现了广东在精简政府组织、提高政府效率方面所做的努力；文化、体育和娱乐业全要素生产率增长速度位列第三，年均增长率达到 9.3%，显示了广东在不断融入世界经济体系的背景下，文化、体育和娱乐业也不断展现出新的表现内容与形式，并具有不断改善的全要素生产率。其余服务行业全要素生产率年均增长率基本在 4.5% 左右。

表 3-8　　　　　　广东各细分服务行业技术进步指数

行业＼年份	2004	2005	2006	2007	2008	2009	2010
交通运输、仓储和邮政业	1.027	0.928	1.044	1.008	1.139	1.075	0.983
信息传输、计算机服务和软件业	1.027	0.928	1.044	1.009	1.138	1.075	0.983
批发和零售业	0.987	0.9	0.892	1.047	1.142	1.075	0.983
住宿和餐饮业	0.988	0.927	0.956	1.006	1.142	1.075	0.983
金融业	0.978	0.884	1.002	1.732	0.992	1.000	0.957
房地产业	1.027	0.928	1.044	1.021	1.123	1.075	0.983
租赁和商务服务业	1.027	0.928	1.02	1.006	1.142	1.075	0.983
科学研究、技术服务和地质勘查业	1.027	0.928	1.044	1.006	1.142	1.075	0.983
水利、环境和公共设施管理业	1.027	0.928	1.044	1.013	1.133	1.075	0.983
居民服务和其他服务业	1.004	0.932	0.956	0.988	1.135	1.04	0.955
教育	1.027	0.928	1.044	1.006	1.142	1.075	0.983
卫生、社会保障和社会福利业	0.987	0.923	0.883	1.063	1.109	1.02	0.935
文化、体育和娱乐业	1.027	0.928	1.044	1.007	1.14	1.075	0.983
公共管理和社会组织	1.027	0.928	1.044	1.006	1.142	1.075	0.982

由表 3-8 可以看出，2004—2010 年，各服务行业的技术进步指数基本显现增长趋势。在这期间，所有服务行业的平均技术进步指数为 2%。其中，技术进步指数年均增长速度最快的服务行业仍然是金融业，其年均增长率达到 5.2%，表明在广东金融业不断加快对外开放的进程中，金融业的技术水平得到很大的提升，金融业技术创新成果显著。毋庸置疑，金融业国际直接投资的技术溢出对广东金融业技术水平的提升具有重大意义。

表 3-9　　　　　　广东各细分服务行业技术效率指数

年份 行业	2004	2005	2006	2007	2008	2009	2010
交通运输、仓储和邮政业	1.038	0.709	1.048	1.14	0.918	1.008	1.075
信息传输、计算机服务和软件业	1.072	1.154	1.052	1.039	1.01	1.053	0.981
批发和零售业	1.000	0.738	0.986	1.071	0.959	1.131	1.119
住宿和餐饮业	1.014	0.9	1.068	1.114	0.988	1.063	1.061
金融业	0.956	1.151	1.254	1.000	1.000	1.000	1.000
房地产业	0.913	1.185	1.058	1.148	0.853	0.985	1.015
租赁和商务服务业	1.044	0.92	1.002	1.065	1.000	1.009	1.117
科学研究、技术服务和地质勘查业	0.894	0.979	0.952	1.045	1.059	1.113	0.973
水利、环境和公共设施管理业	1.212	1.18	1.071	1.157	0.839	0.899	1.085
居民服务和其他服务业	1.000	1.000	1.000	1.000	1.000	1.000	1.000
教育	1.023	1.123	0.997	1.099	1.002	1.039	1.083
卫生、社会保障和社会福利业	0.946	0.924	1.014	0.886	1.088	1.067	1.024
文化、体育和娱乐业	1.106	1.095	1.046	1.132	0.935	0.982	1.173
公共管理和社会组织	1.039	1.12	1.002	1.02	1.101	1.137	1.055

由表 3-9 可以发现，2004—2010 年，各服务行业的技术效率指数基本上都呈现上升趋势。其中，技术效率年均增长速度最快的服务行业是公共管理和社会组织，其年均增长率达到 6.7%，政府的行政效率在近年来获得大幅提升，展现出广东转变政府职能、建立服务型

政府取得了一定成效。文化、体育和娱乐业技术效率增长速度排在第二位，年均增长率达到6.4%，反映出随着人们物质生活水平的提高，人们越来越注重文化、体育和娱乐产品的需求，同时带动文化、体育和娱乐业技术效率水平的提升；技术效率增长速度位列第三的是水利、环境和公共设施管理业，年均增长率达到5.5%。所有服务行业技术效率指数的平均值为2.5%。

综合上述分析我们可以发现，金融业全要素生产率年均增长率以及技术进步率在所有服务行业中都位列第一，说明金融业全要素生产率的提升主要依靠技术进步推动，今后若要进一步提升金融业全要素生产率，在继续保持金融业技术进步与金融创新的基础上，可以将更多注意力放在提升该行业技术效率上。公共管理和社会组织全要素生产率年均增长速度排在第二位，技术效率年均增长速度位列第一，显示出该行业技术效率的提升是其全要素生产率增长的主要诱因，由于公共管理和社会组织运用技术改造和技术创新的空间相比其他行业略微有限，因此该行业全要素生产率增长进一步提升的着眼点仍应该放在不断精简机构、适当分权、提升行政效率上面。文化、体育和娱乐业全要素生产率和技术效率年均增长速度名列前茅，促进该行业技术水平的提升是继续提升全要素生产率的方向。值得注意的是，卫生、社会保障和社会福利业全要素生产率以及技术进步指数年均呈现负增长，在所有服务行业中处于最后位次，其原因在于相比其他服务业部门，卫生、社会保障和社会福利业盈利性质较弱，使得该行业缺乏通过提升全要素生产率与技术水平以参与市场利润争夺的动力。

第二节 广东服务业利用国际直接投资的现状特征

一 广东服务业利用国际直接投资阶段性发展特征明显

统计数字显示，1986年广东服务业实际利用国际直接投资额仅为

1.35 亿美元，占广东当年实际利用国际直接投资的 20.96%；1993 年服务业吸收国际直接投资突破 10 亿美元大关，达到 18.31 亿美元；2016 年广东服务业实际利用国际直接投资 160.88 亿美元，这一数字是 1986 年的 119.17 倍；1986—2016 年，广东服务业实际利用国际直接投资的年均增长率为 17.28%。广东服务业实际利用国际直接投资情况如图 3-5 所示：

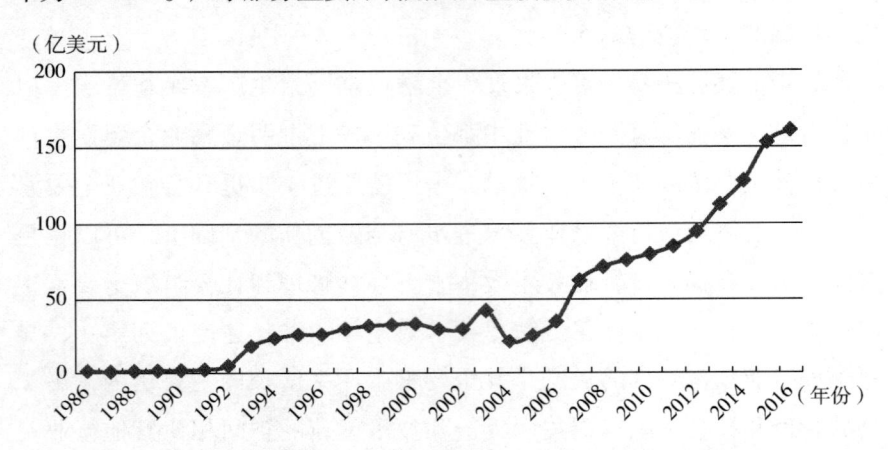

图 3-5　1986—2016 年广东服务业实际利用国际直接投资额

资料来源：根据相关年份《广东统计年鉴》以及《数说广东六十年（1949—2009）》数据绘制。

由图 3-5 可以看出，1986 年以来广东服务业实际利用外资大体可以分为五个阶段。第一阶段是起步阶段（1986—1992 年），这一阶段正值改革开放初期，市场机制改革尚未全面铺开，服务业开放力度有限，基础设施条件比较落后，服务业跨国公司对广东服务业的投资还处于观望态度，不敢贸然大举进入。这一阶段广东服务业每年实际利用国际直接投资都在 5 亿美元以下。第二阶段是平稳增长阶段（1993—2000 年），1992 年邓小平"南方谈话"以及党的十四大的召开，确定了中国经济体制改革的目标是建立社会主义市场经济体制，给国外服务业投资商注入强心剂，极大地增强了它们投资的信心，这一阶段广东服务业利用国际直接投资年均增长速度达到 9% 左右。第三阶段为跌宕起伏阶段（2001—2005年），21世纪伊始，受世界主要经济体经济增长乏力等国际经济和政治因素的影响，广东服务业利用国际直接投资也进入一个波动阶段。第四阶段为快速增长阶段（2006—2012年），随着中国对加入世界贸易组织各项承诺的履行以及CEPA的实施，广东服务业利用国际直接投资额在这一阶段屡创新高，进入前所未有的快速增长期。第五阶段为"一带一路"阶段（2013年至今），随着"一带一路"倡议的提出和建设，广东与世界的互联互通进一步加强，广东服务业利用国际直接投资也进入全新时代。

二 广东服务业利用国际直接投资比重稳步上升

服务业实际利用国际直接投资的比重反映了国际直接投资的产业流向，根据广东服务业实际利用国际直接投资比重的时间序列图可以很好地反映国际直接投资在广东服务业分布的情况。

从图3-6可以看出，1986—2016年，广东服务业实际利用国际直接投资占实际利用国际直接投资总额的比重总体上呈现稳步上升趋

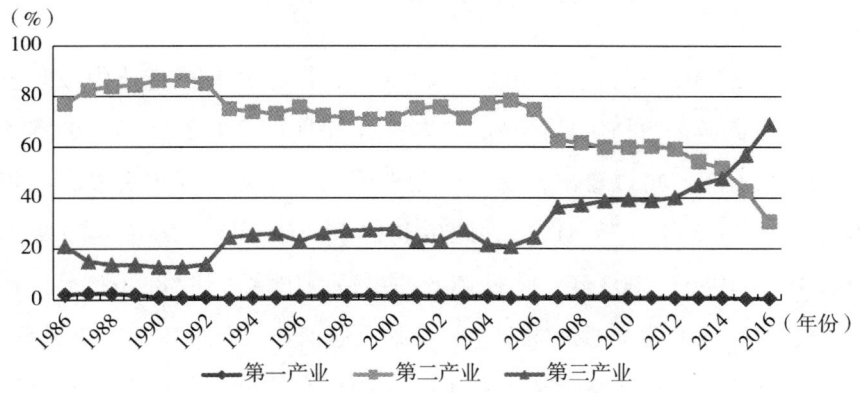

图3-6 1986—2016年广东三次产业实际利用国际直接投资比重

资料来源：根据相关年份《广东统计年鉴》以及《数说广东六十年（1949—2009）》数据绘制。

势。1986—1992年，广东服务业实际利用国际直接投资的年平均比重仅为14.67%。1993年，广东服务业利用国际直接投资比重开始第一次跃升，当年比重达到24.42%。此后每年服务业利用国际直接投资的比重都维持在20%以上。2007年，广东服务业利用国际直接投资比重开始了第二次跃升，当年比重达到36.39%，此后逐年上升。2015年，广东服务业利用国际直接投资的比重一举超过第二产业，成为广东利用外资最多的产业，并且这种势头在2016年继续得到强化。2016年，广东服务业利用国际直接投资比重达到68.9%。与之相对应的是，广东第二产业利用国际直接投资的比重呈现逐渐下降的趋势，由1986年的77.02%下降到2016年的30.62%。特别是2014年以来，广东第二产业利用国际直接投资比重呈现明显下滑趋势，每年以大约10个百分点的速度迅速下跌。广东第一产业利用国际直接投资比重则长期在1%左右徘徊，1986—2016年平均比重为1.21%。

三　广东服务业国际直接投资行业流向集中

由表3-10可以看出，1986—2003年，广东各服务行业中吸收国际直接投资最多的是房地产业，这与广东房地产业开放较早、外资流入门槛低有关。可以看出，房地产业利用国际直接投资比重最高的年份出现在1993年（73.31%），此后其比重开始下降，2003年下降为36.34%，1986—2003年，房地产业的年平均比重达到58.20%。排在第二、第三位的是交通运输、仓储及邮电通信业以及批发和零售贸易、餐饮业这两个劳动密集型服务行业，这同样与这两个行业对外开放较早有关。值得注意的是，进入1997年后，社会服务业成为颇受国际直接投资关注的服务行业，其比重一直呈现上升趋势，2001年更是达到23.30%。其余服务行业由于对外开放时间较晚，在1986—2003年，利用国际直接投资的比重较低。

表 3-10 广东各服务行业实际利用国际直接投资比重
（1986—2003 年） 单位：%

年份	地质勘查、水利管理业	交通运输、仓储和邮电通信业	批发和零售贸易、餐饮业	金融保险业	房地产业	社会服务业	卫生、体育和社会福利业	教育、文化艺术和广播电影电视业	科学研究和综合技术服务业	国家机关、党政机关和社会团体
1986	—	14.10	16.40	—	67.36	—	0.12	0.11	1.18	—
1987	—	10.87	10.04	—	64.39	—	0.18	0.45	1.69	—
1988	—	21.23	7.82	—	61.96	—	1.36	0.26	0.16	—
1989	—	16.74	10.78	—	65.03	—	0.40	0.95	—	—
1990	—	9.97	22.03	—	49.28	—	—	—	1.05	—
1991	—	14.52	7.49	—	72.67	—	0.15	0.18	0.33	—
1992	—	5.23	3.54	—	85.20	—	0.14	0.35	0.01	—
1993	—	11.59	8.14	—	73.31	—	0.43	0.27	0.05	—
1994	—	10.71	14.26	0.76	65.31	—	1.10	1.39	0.21	—
1995	—	17.20	10.86	0.57	60.85	—	5.91	1.54	0.17	—
1996	—	9.42	13.97	0.26	67.78	—	3.20	1.93	0.41	—
1997	—	26.73	6.46	—	32.68	12.62	3.51	1.73	0.01	—
1998	0.01	20.55	6.55	0.33	46.00	14.38	1.01	0.69	0.17	—
1999	—	19.15	8.47	—	48.51	12.99	4.24	0.36	1.04	—
2000	0.08	7.91	7.12	0.46	59.95	15.19	2.32	0.31	0.39	—
2001	0.003	11.35	8.39	—	44.24	23.30	1.98	0.04	0.33	—
2002	—	15.75	6.38	0.74	46.72	20.59	1.16	0.12	1.01	—
2003	1.20	13.85	10.37	2.14	36.34	19.93	0.39	0.06	0.88	—

资料来源：笔者根据《广东省贸易外经统计资料（1979—1997）》、《广东统计年鉴》（1999—2004）以及《数说广东六十年（1949—2009）》相关数据整理计算而得。其中，1986—1997 年各服务行业实际利用国际直接投资数据来源于《广东省贸易外经统计资料（1979—1997）》；1998—2003 年各服务行业实际利用国际直接投资数据来源于《广东统计年鉴》（1999—2004）；第三产业实际利用国际直接投资数据来源于《数说广东六十年（1949—2009）》；1986—1997 年金融保险业数据为金融业数据，"—"表示数据缺失。

由表 3-11 可以看出，2004—2016 年，广东服务业国际直接投资的行业流向集中，在这期间吸收国际直接投资最多的行业依旧是房地产业。房地产业吸收国际直接投资的比重在2004—2007年保持上升趋势，特别是2007年，其比重达到阶段新高的56.36%，2008年的国际金融危机爆发使得房地产业吸收国际直接投资的比重有所下降，2016年房地产业利用国际直接投资比重为22.52%，2004—2016年，房地产业实际利用国际直接投资的年平均比重达到37.04%，远远高于其他服务行业利用国际直接投资的比重。国际直接投资大量涌入房地产业，一方面推动了广东房地产业的繁荣，另一方面大大助推了广东房价的飙升，不利于保持房价的稳定。可以说，国外资本的大举流入是广东房价居高不下的重要动因，给人民群众的日常生活带来了一定的负面影响。批发和零售业以及租赁和商务服务业吸收国际直接投资的比重排在第二、第三位，它们的年平均比重分别达到17.29%和15.96%。不同的是，租赁和商务服务业的比重近年来处于逐渐上升趋势，到2016年，租赁和商务服务业的比重已经升至阶段性峰值25.17%；而批发和零售业的比重处于先上升后下降的趋势，比重由2004年的3.31%上升到2012年的高位29.46%后开始下降，至2016年其比重下降为11.52%。反映出国际资本对广东批发和零售业的投资热潮正在逐渐退却。交通运输、仓储和邮政业利用国际直接投资的比重也较高，但是最近几年下降趋势明显，至2016年，交通运输、仓储和邮政业利用国际直接投资的比重已经降到3.27%。信息传输、计算机服务和软件业比重呈现先下降后上升趋势，并在2016年成为利用国际直接投资增长幅度最大的服务行业，2016年其利用国际直接投资比重飙升至21.20%，年平均比重为5.99%。上述五个服务行业是国际直接投资流入最多的服务行业，其比重之和基本上每年都在八成以上，比重之和最高出现在2010年，达到90.03%的高位，反映出广东服务业国际直接投资行业流向集中度高。其余服务行业方面，住宿和餐饮业国际直接投资流入比重下降非常明显，2016年下降到仅有0.40%，其原因是该行业市场准入条件较低,存在大量中小企业,市场竞争较为激烈,利润空间也较为微薄,国外投资者逐渐减少对该行业的直接投资,转向其他利润丰厚的行业。金融业利用国际直接投资的比重较低,其原因一方面是因为广东对金融业开放较晚,设置了严格的外资市场准入条件;另一方面也是因为广东缺乏国际直接投资发展现代金融业所需要的高素质的人才。然而2013年以来,伴随加入世界贸易组织保护期的结束以及中国扩大对外开放的脚步,金融业利用国际直接投资比重有了明显的提升,至2016年,金融业外资流入比例达到12.21%;科学研究、技术服务和地质勘查业利用国际直接投资比重大体维持在5%左右,并且近年来呈现逐步下降趋势;居民服务和其他服务业利用国际直接投资比重由3.28%下降到0.19%,下降趋势明显;水利、环境和公共设施管理业,教育,卫生、社会保障和社会福利业,文化、体育和娱乐业,公共管理和社会组织等服务行业利用国际直接投资的比重一直很低,这与这些行业涉及国家意识形态与公共安全等因素,政府有意识地限制国外资本大量流入上述行业有关。

表 3-11   广东各服务行业实际利用国际直接投资比重

(2004—2016 年)   单位:%

服务行业\年份	2004	2005	2006	2007	2008	2009	2010	2011	2012	2013	2014	2015	2016
交通运输、仓储和邮政业	11.77	14.56	14.10	8.45	9.85	5.65	7.07	8.66	8.31	5.37	3.36	3.10	3.27
信息传输、计算机服务和软件业	8.31	8.20	5.90	3.40	3.89	3.11	5.29	6.03	2.75	2.44	2.90	4.44	21.20
批发和零售业	3.31	7.59	9.50	10.84	15.87	25.67	24.96	24.80	29.46	24.23	24.95	12.04	11.52

续表

服务行业＼年份	2004	2005	2006	2007	2008	2009	2010	2011	2012	2013	2014	2015	2016
住宿和餐饮业	7.51	3.22	6.16	3.44	3.66	2.24	1.93	2.54	1.12	1.68	1.05	0.81	0.40
金融业	0.76	1.37	2.08	0.37	0.10	0.57	0.86	1.89	2.30	8.69	14.09	9.16	12.21
房地产业	32.83	32.83	36.32	56.36	46.51	38.96	41.28	33.61	30.39	29.96	33.94	46.03	22.52
租赁和商务服务业	23.07	20.46	17.13	8.57	11.74	12.49	11.43	13.68	14.13	17.10	13.79	18.72	25.17
科学研究、技术服务和地质勘查业	3.76	4.64	4.32	4.77	4.21	8.81	5.34	6.29	5.62	4.50	3.82	3.76	2.66
水利、环境和公共设施管理业	0.94	0.36	0.74	0.19	0.44	0.70	0.36	0.53	0.69	2.89	0.52	0.17	0.35
居民服务和其他服务业	3.28	4.90	1.99	0.79	2.59	0.58	0.40	0.74	1.55	1.65	0.82	0.88	0.19
教育	0.01	0.06	0.08	0.02	0.01	0.01	0.002	0.00	0.00	0.03	—	—	0.09
卫生、社会保障和社会福利业	0.22	0.09	0.01	0.09	0.17	0.06	0.02	0.26	0.25	0.42	0.04	0.01	0.01
文化、体育和娱乐业	4.20	1.71	1.64	2.72	0.94	1.16	1.06	0.98	3.42	1.06	0.08	0.23	0.41
公共管理和社会组织	—	—	—	—	0.001	—	—	0.002	—	—	0.65	0.67	—

资料来源：笔者根据相关年份《广东统计年鉴》以及《数说广东六十年（1949—2009）》数据整理计算而得；"—"表示数据缺失。

四 外商投资企业工商注册登记企业数在广东各服务行业间分布不均

根据《广东统计年鉴》在统计各行业外商投资企业工商注册登记企业数时服务业行业分类标准发生变化，下面将时间段分为1997—

2003年以及2004—2016年两个部分（如表3-12和表3-13所示），分别考察外商投资企业工商注册登记企业数（户）在广东各服务行业的特征和变动趋势。

表3-12　广东各服务行业外商投资企业工商注册登记企业数（1997—2003年）　　　　单位：户

年份 服务行业	1997	1998	1999	2000	2001	2002	2003
地质勘查、水利管理业	71	43	40	36	34	35	36
交通运输、仓储和邮电通信业	1256	1298	1339	1327	1345	1379	1424
批发和零售贸易、餐饮业	2496	2366	2109	1803	1568	1532	1401
金融、保险业	17	15	15	15	14	15	19
房地产业	2848	2868	2756	2549	2332	2330	2211
社会服务业	2063	1934	1884	1989	2085	2340	2436
卫生、体育和社会福利业	141	138	134	131	125	116	100
教育、文化艺术和广播电影电视业	262	240	212	184	149	121	96
科学研究和综合技术服务业	114	109	108	128	277	352	521
国家机关、党政机关和社会团体	—	—	—	—	—	—	—

资料来源：笔者根据相关年份《广东统计年鉴》整理。

由表3-12可以看出，在1997—2003年，广东外商投资企业工商注册登记企业数集中度最高的服务业行业依次是房地产业，社会服务业，批发和零售贸易、餐饮业，交通运输、仓储和邮电通信业。由于这几个服务行业对外开放较早、市场准入门槛较低、大多属于劳动密集型服务行业，跨国服务企业能够将自身资金雄厚、技术先进的垄断优势与广东劳动力丰富的区位优势相结合，使跨国服务企业易于在这些劳动密集型服务行业获得竞争优势，赢取市场份额与经济利润。先行跨国服务企业在这些行业的成功能够产生示范效应，从而吸引更多后来跨国服务企业进入这些行业，这些行业也就成为广东外商投资企业最集中的服务行业。科学研究和综合技术服务业作为技术密集型服务行业，并没有吸引到太多外商投资企业，说明广东在吸引高科技、高质量技术密集型外商投资企业落户方面仍需做更多努力，只有广东吸引到更多诸如研究与开发、技术支持等技术密集型外商投资企业，才有利于改善广东在全球生产网络中的分工地位，促进经济结构转型升级。教育、文化艺术和广播电影电视业，卫生、体育和社会福利业，地质勘查、水利管理业等行业的外商投资企业数量也不多，而外商投资企业数量最少的是金融、保险业，其原因是该行业涉及国家经济安全，对外开放程度很低。

表3–13　　广东各服务行业外商投资企业工商注册登记企业数（2004—2016年）　　　单位：户

年份 服务行业	2004	2005	2006	2007	2008	2009	2010	2011	2012	2013	2014	2015	2016
交通运输、仓储和邮政业	1467	1516	1698	1815	1203	1923	1931	1905	1860	2863	2936	24552	28131
信息传输、计算机服务和软件业	1188	1151	1525	1685	1710	1728	1822	1839	1821	4650	5005	3096	3212
批发和零售业	661	725	2125	3387	4563	5299	6660	8103	9659	18645	21517	4876	5313
住宿和餐饮业	880	973	994	1013	962	972	988	1004	999	3896	4458	5841	6705
金融业	15	13	19	27	35	39	49	59	81	1057	1242	1786	3111
房地产业	2266	2293	2724	2850	2801	2705	2708	2667	2638	4716	4838	4974	4916
租赁和商务服务业	546	795	2245	2695	3079	3304	3705	4065	4341	8174	8646	9464	10913
科学研究、技术服务和地质勘查业	505	542	853	1678	2196	2384	2690	2858	2870	3361	3668	4213	4881
水利、环境和公共设施管理业	95	148	125	128	110	108	111	106	116	132	145	151	165

续表

服务行业\年份	2004	2005	2006	2007	2008	2009	2010	2011	2012	2013	2014	2015	2016
居民服务和其他服务业	433	328	358	433	456	447	454	464	467	1242	1143	1201	1365
教育	23	29	24	23	22	23	20	18	21	55	70	90	127
卫生、社会保障和社会福利业	34	35	28	25	20	23	24	22	25	27	33	39	53
文化、体育和娱乐业	342	326	354	345	309	309	302	303	299	413	458	537	668
公共管理和社会组织	—	—	—	—	—	—	—	—	—	—	—	—	—

资料来源：笔者根据相关年份《广东统计年鉴》整理。

从表3–13可以看出，2004—2016年，广东外商投资企业工商注册登记企业数集中度最高的几个服务行业是房地产业，批发和零售业，租赁和商务服务业，交通运输、仓储和邮政业，信息传输、计算机服务和软件业，科学研究、技术服务和地质勘查业，住宿和餐饮业，这也和这些服务行业国际直接投资比重较大是相关的。其中，房地产业外商投资企业数在2013年出现明显增加，至2016年达到4916户；交通运输、仓储和邮政业外商投资企业数在2015—2016年出现快速增长，由2015年前的两千余户飙升至2016年接近三万户；住宿和餐饮业外商投资企业数也从2013年开始快速增长，至2016年达到6705户；批发和零售业外商投资企业数则出现迅速飙升和迅猛下跌同时并存的局面，先由2004年的661户飙升至2014年的峰值21517户，随后断崖式下降至2016年的5313户。2014年以前数量的剧增反映出该阶段批发和零售业备受外商投资企业的青睐，其原因一方面是批发和零售业市场准入门槛较低，另一方面是外商投资企业凭借其资金、生产效率、经营管理方面的优势，在该行业获得较大的成功以及利润回报，以2004年为例，外商以及港澳台商投资的批发和零售企业的平均利润是内资企业的 9 倍。① 然而随着市场的日趋饱和以及移动互联网深刻地改变批发和零售业的盈利模式和经营业态，2014 年以来，批发和零售业面临着极为激烈的同业竞争，企业盈利大幅缩水，外商投资热潮逐渐退去，外商投资企业也大幅减少。租赁和商务服务业外商投资企业数呈现逐年上升趋势，反映出广东在加入世界贸易组织后租赁和商务活动的密集与频繁。金融业，教育，卫生、社会保障和社会福利业等服务行业由于涉及经济安全以及意识形态等政治因素，对外开放度较低，市场准入条件较高，使得外商投资企业数较少。但随着中国入世承诺的履行，以及中国更加深入地推进对外开放，金融业等关乎经济安全的行业也将加大对外开放力度，金融业的外商投资企业数已由 2004 年的 15 户升至 2016 年的 3111 户，这将对广东本土内资金融企业发起强劲的挑战。

第三节　本章小结

改革开放以来，广东服务业获得平稳快速发展。1978—2016 年，广东服务业生产总值的年均增长率达到 19.78%，显示广东服务业自改革开放以来快速增长的势头。服务业生产总值所占比重呈现平稳上升趋势，"三二一"型产业结构业已形成，服务业成为广东经济增长的主导产业，反映广东处于产业结构不断优化升级，经济结构步入合理的健康的发展轨道。随着广东服务业的逐渐发展，服务业就业人数逐步上升，1978—2016 年，广东服务业就业人数年均增长率达到 5.72%，服务业日渐成为广东吸纳劳动力就业的主力军。广东服务业就业人数所占的比重逐渐上升，显示出服务业在吸收劳动力就业方面的巨大潜力以及巨大容

---

① 经济普查系列分析报告之八：《广东批发零售企业盈利状况简析》，广东统计信息网，2006 年。

量。采用基于 DEA 的 Malmquist 指数对广东服务业整体全要素生产率进行测算，结果显示，广东服务业整体全要素生产率基本呈现正增长；通过将全要素生产率分解为技术效率指数和技术进步指数，可以发现技术效率指数与技术进步指数也在大部分年份呈现正增长态势。细分服务行业的测算同样显示几乎所有服务行业的全要素生产率、技术效率以及技术进步率都呈现正增长。上述结果表明无论服务业整体抑或细分服务行业，广东在服务产品的生产过程中不断优化资源配置，更有效利用各种投入要素，使现实生产不断向潜在生产可能性曲线靠近，服务业的生产效率不断提高；同时，在服务产品的生产过程中，服务业的生产技术水平不断提升，使得服务业的生产可能性曲线不断向更高水平扩张。

虽然改革开放以来，广东服务业发展取得了以上成就，但在发展过程中，仍存在的突出问题是服务业内部各细分行业发展不平衡。这种服务业内部发展的不平衡体现在两个方面：一是产值发展不平衡，二是就业发展不平衡。

从产值发展不平衡角度来看，广东各服务行业生产总值占服务业生产总值比重存在行业间显著差别，广东服务业的产值结构呈现出以劳动密集型服务业为主体的特征。1978—2004 年，广东各服务行业生产总值占服务业生产总值比重高的是批发和零售贸易、餐饮业，交通运输、仓储和邮电通信业，这两个劳动密集型服务行业比重之和在 1978—2004 年大多数年份占据了半壁江山；2005—2016 年，广东各服务行业生产总值占服务业生产总值比重高的是批发和零售业，房地产业，金融业，交通运输、仓储和邮政业。广东这种以劳动密集型服务业为主体的产业结构的形成，与广东在全球生产网络中的分工地位密切相关，也是广东越来越深入地介入国际分工体系的直接结果。众所周知，广东具有丰富而廉价的劳动力资源，具有发展劳动力密集型产业的比较优势，被誉为"世界工厂"。在开放经济中，跨国劳动密集型服务企业将自身拥有的资金、技术以及经营管理方面的所有权优势与广东拥有的劳动力资源丰富的区位优势相结合，能够迸发出效益可观的竞争优势，从而打败其他同类企业，赢取市场份额。正是由于广东具有劳动力资源丰富的禀赋条件，从而使广东具有发展劳动密集型产业的比较优势，这种比较优势使得广东长期处于国际分工价值链的加工与制造环节，造就了广东以劳动密集型服务业为主体的产业结构的形成。值得欣慰的是，2005年以来，随着广东服务业对外开放力度的加大和开放范围的扩展，一批新兴服务行业获得快速发展，最为明显的是广东金融业的比重获得了大幅度的上升，一定程度上体现了广东服务业内部由传统劳动密集型服务行业向资本技术密集型服务行业升级的良好态势。

从就业发展不平衡角度来看，广东各服务行业就业人数占服务业就业人数的比重存在行业间显著差别，服务业就业人员行业集中度较高，服务业就业结构同样呈现出劳动密集型服务行业占主体的特征。1993—2002年，在广东各服务行业就业人数占服务业就业人数比重中占比高的三个服务行业依次是批发和零售贸易、餐饮业，交通运输、仓储及邮电通信业，教育、文化艺术和广播电影电视业，这三个服务行业就业人数之和占了服务业就业人员总数的2/3左右；2003—2016年，在广东各服务行业就业人数占服务业就业人数比重中占比高的三个服务行业依次是批发和零售业、住宿和餐饮业、居民服务和其他服务业。广东这种以劳动密集型服务行业为主体的服务业就业结构的形成，一方面是由劳动密集型服务行业自身特征决定的，劳动密集型服务行业本身的资本有机构成较低，单位产出所需要的劳动力数量较大，劳动力是企业生产经营过程中最主要的投入，因此，劳动密集型服务行业能够创造大量的就业岗位，吸纳大量就业人员；另一方面，劳动密集型服务行业为主体的服务业就业结构的形成也与广东服务业的产业结构以劳动密集型服务行业为主体有关。

在广东服务业获得快速发展的同时，广东服务业利用国际直接投资水平也获得长足发展，1986—2016年，广东服务业实际利用国际直接投资的年均增长率为17.28%，特别是2013年"一带一路"倡议提出以来，广东与世界各地互联互通深度发展，服务业利用外资进入前所未有的快速增长时期；同时，广东服务业实际利用国际直接投资占实际利用国际直接投资总额的比重总体上呈现稳步上升趋势。2015年，广东服务业利用外资比重一举超过第二产业，成为广东利用外资最多的产业，并且这种势头在2016年得到强化。

广东服务业利用国际直接投资存在的突出问题是国际直接投资在广东各服务行业之间分布不均。1986—2003年，国际直接投资流入量多的服务行业依次是房地产业，交通运输、仓储和邮电通信业，批发和零售贸易、餐饮业，进入1997年后，社会服务业成为颇受国际直接投资关注的服务行业，其比重一直呈现上升趋势。2004—2016年，国际直接投资流入量多的服务行业依次是房地产业，批发和零售业，租赁和商务服务业，交通运输、仓储和邮政业，信息传输、计算机服务和软件业，这五个服务行业实际利用国际直接投资的比重之和基本每年都在80%以上，体现出广东服务业国际直接投资行业流向高度集中的状况。

与服务业国际直接投资行业流向集中相应的是，广东外商投资企业工商注册登记企业数也显现集聚态势。1997—2003年，广东外商投资企业工商注册登记企业数（户）集中度高的服务业行业依次是房地产业，社会服务业，批发和零售贸易、餐饮业，交通运输、仓储和邮电通信业。2004—2016年，广东外商投资企业工商注册登记企业数集中度高的几个服务业行业是房地产业，批发和零售业，租赁和商务服务业，交通运输、仓储和邮政业，信息传输、计算机服务和软件业，科学研究、技术服务和地质勘查业，住宿和餐饮业。其中，租赁和商务服务业，信息传输、计算机服务和软件业，科学研究、技术服务和地质勘查业等资本和技术密集型服务行业外商投资企业数目增长幅度明显，体现了在中国加入世界贸易组织、广东扩大服务业对外开放范围后，服务业跨国公司逐渐向广东高技术领域进行投资设厂的趋势，这将有利于广东服务业技术升级，促进服务业结构由传统服务业为主向现代服务业为主转变。

第四章 服务业国际直接投资的技术效应

本章建立计量经济模型,分别就服务业整体利用国际直接投资以及各细分服务行业利用国际直接投资对广东服务业整体以及各细分服务行业全要素生产率(技术进步、技术效率)的影响进行实证分析,考察服务业国际直接投资的技术效应。

第一节 服务业整体利用国际直接投资的技术效应

一 变量选取与模型构建

基于服务业效率影响因素的一般解释(刘艳,2010),同时考虑到数据可获得性,本书除关注服务业国际直接投资以外,还引入服务业资本存量、服务业规模、服务业资本密集度、服务业职工工资水平等反映服务业产业自身特征的因素作为控制变量,这些因素能够体现服务业本身的"先天"条件,从而对服务业的全要素生产率产生影响。为了更全面地考察国际直接投资对服务业效率的影响机制,本书分别以前文所测算的服务业全要素生产率指数($tfpch$)及其分解项——技术进步指数($techch$)和技术效率指数($effch$)作为被解释变量构建时间序列模型,具体计量模型如下:

$$tfpch_t = C_1 + \alpha_1 \ln SFDI_t + \beta_1 \ln SK_t + \gamma_1 \ln SCI_t +$$
$$\delta_1 \ln SGDP_t + \phi_1 \ln SW_t + e_{1t} \quad (4-1)$$

$$techch_t = C_2 + \alpha_2 \ln SFDI_t + \beta_2 \ln SK_t + \gamma_2 \ln SCI_t +$$
$$\delta_2 \ln SGDP_t + \phi_2 \ln SW_t + e_{2t} \quad (4-2)$$

$$effch_t = C_3 + \alpha_3 \ln SFDI_t + \beta_3 \ln SK_t + \gamma_3 \ln SCI_t +$$
$$\delta_3 \ln SGDP_t + \phi_3 \ln SW_t + e_{3t} \quad (4-3)$$

模型中各解释变量的含义及数据处理过程解释如下：

服务业国际直接投资（$SFDI$）：采用广东服务业历年实际利用国际直接投资额，单位为亿美元。运用美元对人民币年平均汇率将计价单位转为人民币，同时用广东居民消费价格指数（1983＝100）进行平减，化为剔除物价影响的广东服务业实际利用国际直接投资的实际量。

服务业资本存量（SK）：采用前文对广东服务业资本存量的估算结果，并用广东居民消费价格指数（1983＝100）将其平减为剔除物价影响的实际量。一般认为，资本存量越多，代表可用于技术创新的资金越充裕，从而有利于产业的技术进步，但刘艳（2010）研究表明2004—2008年固定资本存量与中国服务业全要素生产率指数呈显著负相关关系。

服务业资本密集度（SCI）：采用广东服务业人均实际资本存量来反映服务业资本密集状况。朱钟棣和李小平（2005）、李小平等（2008）针对中国工业行业的研究表明，资本形成有利于全要素生产率的提高。但是资本深化也有可能延缓技术进步（刘艳，2010）。张军（2002）指出资本深化是中国生产率增长减缓的重要原因。

服务业规模（$SGDP$）：采用广东服务业历年地区生产总值作为反映服务业规模的指标，并用广东居民消费价格指数（1983＝100）进行物价平减，剔除物价因素的影响。一般认为，伴随着产业规模的扩大，由于内部或外部规模经济效应的作用，产业投入产出效率会逐步提高，但现实中规模不经济也有可能发生，特别是由于市场不完善或政府干预失当等原因导致产业规模过度扩张，从而导致过度竞争、生产率下降等不良现象的发生。

服务业职工工资水平（SW）：采用广东服务业职工年平均工资作为衡量指标，并用广东居民消费价格指数（1983 = 100）进行平减。提高服务业职工工资水平将通过两方面途径对服务业生产率产生影响，一方面，按照效率工资理论，较高的工资水平可以使企业吸引工作效率更高的求职者，同时有利于调动员工的工作积极性，从而促进生产率提高；另一方面，提高工资水平将提高企业的生产成本，从而限制了企业在技术创新活动方面的支出，对服务业效率的提升产生不利影响（刘艳，2010）。

二 单位根检验

为了防止对时间序列数据直接进行回归可能产生的"伪回归"问题，首先需要对数据进行单位根检验，以确定数据的平稳性。单位根检验的常用方法是 ADF 检验（Augmented Dickey-Fuller Test），如果 ADF 检验拒绝序列存在单位根的原假设，表明序列为平稳序列，可以对序列直接进行回归分析。反之，如果 ADF 检验不能拒绝序列存在单位根的原假设，表明序列为非平稳时间序列，需要进一步检验序列之间是否存在协整关系。

根据经济含义以及数据轨迹图选择合适的 ADF 单位根检验类型，根据 SIC 准则选择恰当的滞后阶数，得到单位根检验的结果如表 4 - 1 所示：

表 4 – 1 　　　　　　　　　　　　单位根检验

变量	检验类型（CTP）	ADF 值	临界值（%）			整合阶数
			10	5	1	
tfpch	（NN0）	-0.6975	-1.60879	-1.95568	-2.66485	I(1)
Δtfpch	（NN0）	-4.97242***	-1.6085	-1.95641	-2.66936	I(0)
techch	（NN1）	-0.99223	-1.6085	-1.95641	-2.66936	I(1)
Δtechch	（NN0）	-8.13173*	-1.6085	-1.95641	-2.66936	I(0)
effch	（NN2）	0.273369	-1.60818	-1.9572	-2.67429	I(1)
Δeffch	（NN1）	-8.62776*	-1.60818	-1.9572	-2.67429	I(0)
lnSFDI	（CN0）	-1.26832	-2.63554	-2.99188	-3.73785	I(1)
ΔlnSFDI	（NN0）	-3.08449*	-1.6085	-1.95641	-2.66936	I(0)
lnSK	（CT1）	-2.82353	-3.24859	-3.62203	-4.41635	I(1)
ΔlnSK	（CN1）	-2.66995*	-2.64224	-3.00486	-3.7696	I(0)
lnSCI	（CT0）	-1.06006	-3.24308	-3.6122	-4.39431	I(1)
ΔlnSCI	（NN0）	-1.86895*	-1.6085	-1.95641	-2.66936	I(0)
lnSGDP	（CT0）	-2.98585	-3.24308	-3.6122	-4.39431	I(1)
ΔlnSGDP	（CN0）	-4.05747*	-2.63875	-2.99806	-3.75295	I(0)
lnSW	（CN0）	0.891341	-2.63554	-2.99188	-3.73785	I(1)
ΔlnSW	（CN0）	-3.50353**	-2.63875	-2.99806	-3.75295	I(0)

注：1. Δ 表示对序列进行一阶差分；2. 检验类型中 C 表示含有截距项，T 表示含有趋势项，P 表示滞后阶数，N 表示不包含常数项（趋势项）；3. *表示在10%的显著性水平下通过检验，**表示在5%的显著性水平下通过检验，***表示在1%的显著性水平下通过检验。下同。

由表 4 – 1 可以看出，序列 tfpch、techch、effch、lnSFDI、lnSK、lnSCI、lnSGDP、lnSW 的水平值即使在 10% 的显著性水平下都无法拒绝序列存在单位根的原假设，表明上述序列的水平值都为非平稳序列；对上述序列进行一阶差分处理，ADF 检验显示 Δtfpch、Δtechch、Δeffch、ΔlnSFDI、ΔlnSK、ΔlnSCI、ΔlnSGDP、ΔlnSW 都至少在 10% 的显著性水平下拒绝序列存在单位根的原假设，表明上述所有序列经过一阶差分后都变为平稳序列，因此上述所有序列都为一阶单整序列 I(1)，符合进一步进行协整分析的前提条件。

三 协整分析

运用 Johansen（1988）提出的基于向量自回归模型回归系数检验的协整检验方法分别对 tfpch、lnSFDI、lnSK、lnSCI、lnSGDP、lnSW 和 techch、lnSFDI、lnSK、lnSCI、lnSGDP、lnSW 以及 effch、lnSFDI、lnSK、lnSCI、lnSGDP、lnSW 三组变量之间是否存在长期稳定的协整关系进行分析，结果如表4-2所示：

表4-2　　　　　　　　协整检验

协整向量	协整向量数	特征根	最大特征值	5%临界值	p值
tfpch、lnSFDI、lnSK、lnSCI、lnSGDP、lnSW	无	0.908914	55.10675	40.07757	0.0005
tfpch、lnSFDI、lnSK、lnSCI、lnSGDP、lnSW	至多一个	0.760511	32.87269	33.87687	0.0655
tfpch、lnSFDI、lnSK、lnSCI、lnSGDP、lnSW	至多两个	0.671862	25.62939	27.58434	0.0871
techch、lnSFDI、lnSK、lnSCI、lnSGDP、lnSW	无	0.919911	58.06622	40.07757	0.0002
techch、lnSFDI、lnSK、lnSCI、lnSGDP、lnSW	至多一个	0.885334	49.81192	33.87687	0.0003
techch、lnSFDI、lnSK、lnSCI、lnSGDP、lnSW	至多两个	0.706838	28.22172	27.58434	0.0414
techch、lnSFDI、lnSK、lnSCI、lnSGDP、lnSW	至多三个	0.662026	24.95011	21.13162	0.0138
techch、lnSFDI、lnSK、lnSCI、lnSGDP、lnSW	至多四个	0.393577	11.5041	14.2646	0.1307
effch、lnSFDI、lnSK、lnSCI、lnSGDP、lnSW	无	0.957599	72.69348	40.07757	0.0000

续表

协整向量	协整向量数	特征根	最大特征值	5%临界值	p值
effch、ln*SFDI*、ln*SK*、ln*SCI*、ln*SGDP*、ln*SW*	至多一个	0.900766	53.13641	33.87687	0.0001
effch、ln*SFDI*、ln*SK*、ln*SCI*、ln*SGDP*、ln*SW*	至多两个	0.735734	30.60838	27.58434	0.0198
effch、ln*SFDI*、ln*SK*、ln*SCI*、ln*SGDP*、ln*SW*	至多三个	0.643266	23.70761	21.13162	0.0212
effch、ln*SFDI*、ln*SK*、ln*SCI*、ln*SGDP*、ln*SW*	至多四个	0.372933	10.73416	14.2646	0.168

由表4-2可以看出，在5%的显著性水平下，拒绝上述三组变量不存在协整关系的原假设，表明上述三组变量之间存在长期稳定的协整关系。标准化的协整方程分别为：

$$tfpch = 0.079661\ln SFDI + 0.345364\ln SK - 0.653191\ln SCI - 0.139426\ln SGDP$$
$$t = (3.90935) \quad (1.9847) \quad (-5.87051) \quad (-0.80728)$$
$$+ 0.144873\ln SW + 4.473308 + e_{1t}$$
$$(1.18717) \tag{4-4}$$

$$techch = 0.067526\ln SFDI + 0.980345\ln SK - 1.209711\ln SCI - 0.530841\ln SGDP$$
$$t = (2.03121) \quad (3.60519) \quad (-6.85779) \quad (-1.91223)$$
$$+ 0.289946\ln SW + 6.602609 + e_{2t}$$
$$(1.4401) \tag{4-5}$$

$$effch = 0.0058\ln SFDI - 0.20004\ln SK + 0.233489\ln SCI + 0.04497\ln SGDP$$
$$t = (0.54136) \quad (-2.28759) \quad (4.04313) \quad (0.50181)$$
$$+ 0.012744\ln SW - 0.192955 + e_{3t}$$
$$(0.1944) \tag{4-6}$$

为了进一步验证上述三个协整方程的准确性，分别对残差项 e_{1t}、e_{2t}、e_{3t}进行ADF单位根检验，检验类型选择没有截距项、没有趋势项，得到残差序列的单位根检验结果如表4-3所示：

表4-3　　　　　　　　　　残差的单位根检验

变量	检验类型（CTP）	ADF值	临界值（%）			整合阶数
			10	5	1	
e_{1t}	(NN0)	-3.428623***	-1.608793	-1.955681	-2.66485	I(0)
e_{2t}	(NN0)	-4.297199***	-1.608793	-1.955681	-2.66485	I(0)
e_{3t}	(NN0)	-6.489297***	-1.608793	-1.955681	-2.66485	I(0)

由表4-3可以看出，协整方程（4-4）、（4-5）、（4-6）的残差项e_{1t}、e_{2t}、e_{3t}在1%的显著性水平下拒绝存在单位根的原假设，通过ADF单位根检验，表明e_{1t}、e_{2t}、e_{3t}都是平稳序列，验证了协整方程（4-4）、（4-5）、（4-6）的存在与准确性。

由协整方程（4-4）、（4-5）、（4-6）可以看出，国际直接投资显著促进了广东服务业全要素生产率的提高和技术进步，服务业利用国际直接投资每增加1个百分点，将分别引致服务业全要素生产率指数、技术进步指数增加0.07966、0.067526，表明服务业国际直接投资有效发挥了其技术效应。服务业国际直接投资是通过竞争效应、示范效应、产业关联效应和人力资本流动效应发挥其技术效应的。代表先进生产技术水平与劳动生产率的服务业国际直接投资进入广东后，通过竞争效应引入市场竞争，打破服务业市场格局，激活服务业市场主体，逼迫内资服务企业不断加大研究与开发投入，努力提高自主创新能力，促进服务业生产率提升与技术进步；通过示范效应为内资服务企业提供学习与参照的榜样，内资服务企业通过"干中学""逆向工程"等途径不断获得模仿服务业外商投资企业的机会，从而提高生产技术水平与生产效率；通过产业关联效应提高上下游服务企业的技术水平和服务技能，促进服务业整体全要素生产率与技术进步率的提升；通过人力资本流动效应加快服务业技术的转移与扩散，内资服务企业在技术人员流动中能够轻易获得服务业跨国公司知识与技术溢出的红利，有利于内资服务企业全要素生产率提升与技术升级。另外，实证结果显示，服务业国际直接投资对广东服务业技术效率指数并没有显著影响，说明国际直接投资的技术效应主要是通过促进技术进步进而提高全要素生产率，而不是通过技术效率的路径实现的，同时揭示广东服务业技术效率的改进应该更多地依靠自身市场环境的优化和本土企业的努力，不断优化资源配置，更有效利用各种投入要素，使现实生产不断向潜在生产可能性曲线靠近。

资本存量的增加同样显著促进了广东服务业全要素生产率的提高和技术进步，但却对技术效率产生一定的抑制作用，说明广东在服务业发展过程中能够有效利用资金提升服务业技术水平，尽管一部分效应被技术效率的下降所抵消，但总体上仍然有利于服务业投入产出率的提升。至于资本存量对技术效率产生负面影响的原因，可能与广东服务业中长期存在的低水平重复开发和过度投资现象有关。

资本密集度与技术效率指数正相关，而与技术进步指数、全要素生产率指数负相关，说明随着资本密集度的提高，服务业的资源配置效率逐步得到改善，但资本深化却延缓了服务业技术进步，而且其负面效应超过了由于技术效率提高而带来的正面效应，并最终导致服务业全要素生产率的下降。

服务业规模对全要素生产率和技术效率的影响均不显著，说明在广东服务业发展过程中，资源配置效率并未随着规模的扩大而得到改善，规模经济不明显，更为严重的是，规模扩张与技术进步之间不但未形成良性互动，还对技术进步产生了一定负面影响。总体上看，广东服务业发展中粗放式的简单规模扩展乃至非理性的过度扩张现象仍然存在。

职工工资水平对服务业全要素生产率、技术进步指数以及技术效率指数的弹性系数都为正，虽然不太显著，但仍在一定程度上反映出效率工资理论的适用性,即服务业职工工资水平的提高有利于吸引更高效率的求职者,能够增大员工偷懒的成本与风险,从而通过不同渠道增进企业效率与绩效,促进服务业投入产出效率的提高。

四 脉冲响应函数分析

协整关系反映的是变量之间存在的一种长期稳定均衡关系,为了进一步反映服务业国际直接投资与全要素生产率指数(技术进步指数、技术效率指数)在时序维度的动态相关关系,进而揭示国际直接投资对广东服务业投入产出效率的动态影响,可以借助基于向量自回归模型(VAR Model)的脉冲响应函数。脉冲响应函数(Impulse Response Function)用以反映VAR模型中某个内生变量的扰动项受到一个标准差新息(Innovation)的冲击后通过模型传递而导致对模型中其他内生变量当前值和未来值的影响。一般的脉冲响应函数的缺点在于随着VAR模型中内生变量顺序的改变,脉冲响应的结果也会产生较大的差异。广义脉冲响应函数可以很好地克服这一问题,利用广义脉冲响应函数所得的结果与VAR模型中变量的顺序无关(Pesaran & Shin, 1998)。

本书基于上述三组变量所建立的三个VAR(2)模型,[①] 分别得到广东服务业全要素生产率指数、技术进步指数以及技术效率指数对服务业国际直接投资的广义脉冲响应函数(如图4-1、图4-2、图4-3所示)。图中横轴代表脉冲响应的期数,纵轴分别代表 *tfpch*、*techch*、*effch* 对 ln*SFDI* 一个标准差新息的广义脉冲响应,虚线代表正负两倍标准差带。

---

① 模型所有特征根的倒数都位于单位圆之内,满足稳定性条件,模型整体效果良好,可以进行脉冲响应分析。

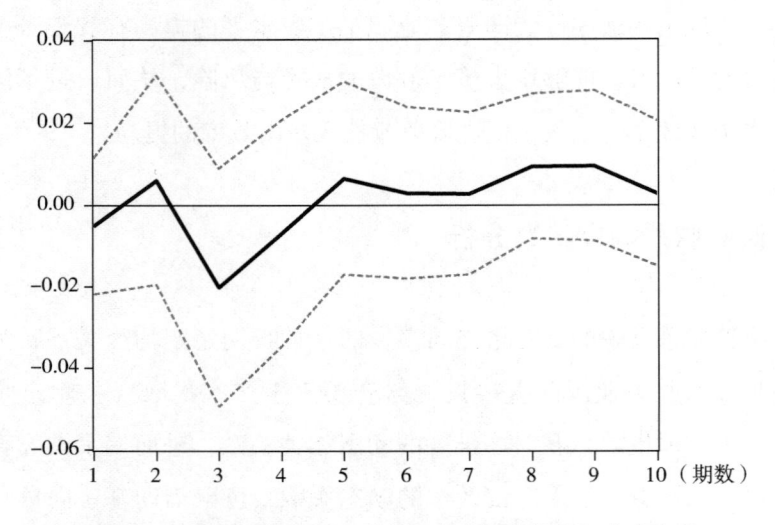

图 4-1　*tfpch* 对 ln*SFDI* 一个标准差新息的广义脉冲响应

由图 4-1 可以看出，服务业全要素生产率指数对服务业国际直接投资的冲击在初始阶段并没有立即显示出正向响应，特别是在第 3 期和第 4 期里表现为明显的负响应，从第 4 期后期开始一直到期末都呈现出正响应。在外资企业的进入初期，由于内资企业在服务产品、服务水平等方面与外资企业存在较大的差距，可能使国际直接投资尚不能产生明显的技术外溢效应，反而外资企业的进入会给内资企业带来一定冲击，加之外资企业进入新的市场本身也需要一定的适应期，在外资进入的最初几年里"全要素生产率指数对国际直接投资的冲击呈负响应"应是上述不同因素综合作用的结果。经过几年的发展以后，内资企业在与外资企业的竞争过程中技术水平不断提高，并逐渐越过了有效吸收外资企业技术溢出的门槛（technical threshold），随着时间的推移外资企业也会更加熟悉国内市场环境，内外资企业的良性互动逐渐形成。在越过技术门槛和适应期之后，外资的进入在相当长的一段时间内都会有利于服务业全要素生产率的提高。

由图 4-2 可以看出，与全要素生产率指数对国际直接投资的响应

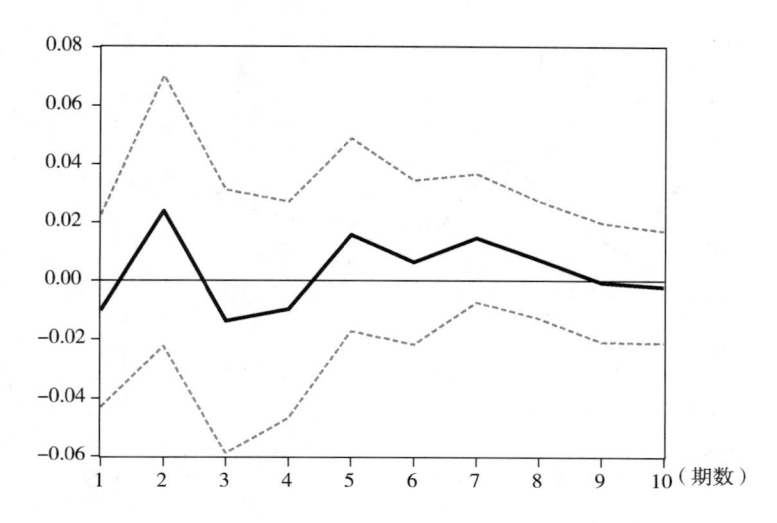

图 4-2　*techch* 对 ln*SFDI* 一个标准差新息的广义脉冲响应

类似，服务业技术进步指数对国际直接投资的广义脉冲响应同样在一开始并没有立即显示出正响应，直到第 4 期中期以后，服务业技术进步指数才稳定地呈现出对国际直接投资的正响应态势。技术进步指数的广义脉冲响应再次印证了图 4-1 所反映的技术门槛和适应期的存在性，通过对比图 4-1 与图 4-2，我们可以看出广东服务业顺利越过技术门槛和适应期大约需要 4 年半的时间。

由图 4-3 可以看出，服务业技术效率指数对国际直接投资的广义脉冲响应呈现正负交叠的状况。图 4-3 表明国际直接投资对广东服务业技术效率并没有产生显著的正向影响或者负向影响。这进一步印证了前面协整分析得出的"国际直接投资技术效应产生的主要途径是技术进步而不是技术效率"的结论，也进一步揭示技术效率提高的源泉主要来自内部，而仅仅依靠外力的推动是无法实现的。

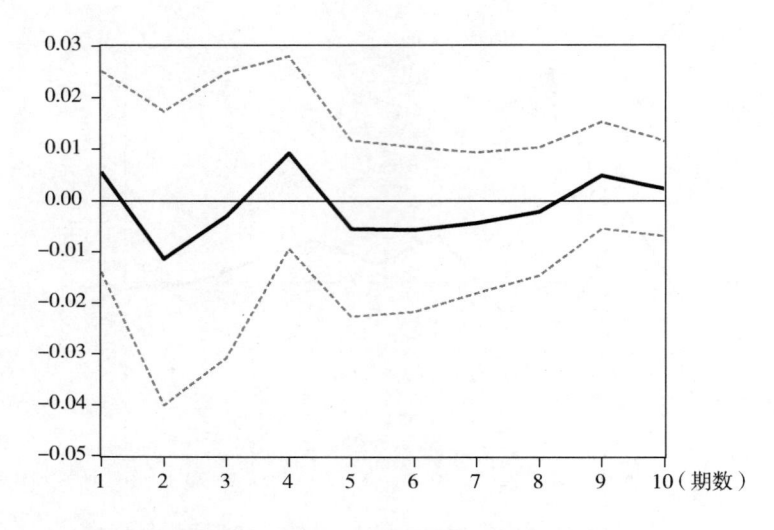

图4-3 *effch* 对 ln*SFDI* 一个标准差新息的广义脉冲响应

第二节 各细分服务行业利用国际直接投资的技术效应

由于广东各细分服务行业在行业特征、发展水平、行业基础等方面存在较大差异，流入不同服务行业的国际直接投资对各服务行业技术效应的效果应该是不同的，一些服务行业的国际直接投资可能对行业具有正向技术效应，一些服务行业的国际直接投资可能对行业具有负向技术效应，还有一些服务行业的国际直接投资可能对行业没有产生显著的技术效应。服务业国际直接投资在广东各细分服务业行业的分布不均则进一步扩大了服务业国际直接投资对各服务行业技术效应的差异性。本节建立计量模型，实证考察流入各服务行业的国际直接投资对各服务行业全要素生产率（技术进步、技术效率）的影响。

一 模型构建与变量选取

从理论上来说,由于服务业涵盖的范围广大,既包括批发和零售业、住宿和餐饮业等劳动密集型服务行业,也包括房地产业等资本密集型服务行业,还包括金融业、信息传输、计算机服务和软件业等知识密集型服务行业,正是由于各服务行业存在较大的差异,可以预见流入不同服务行业的国际直接投资对各服务行业技术效应的方向和程度是不同的,这也意味着常系数面板数据模型在分析存在巨大异质性的各细分服务行业技术效应状况时存在一定局限性,可能会带来估计偏误。当数据生成过程显示不支持采用常系数面板数据模型,且理论分析表明解释变量对存在异质性的不同行业具有不同影响的时候,面板数据系数模型(Random-Coefficients Regression Model)能够得出较为准确的估计结果,采用面板随机系数模型是比较恰当的(陈望远、李仲飞、蔡武,2012)。

为了进一步确认面板数据模型的设定形式,本书采用常用的协方差分析进行检验(高铁梅,2006)。检验的两个原假设分别是

H1:面板数据模型中各细分服务行业斜率系数相同。

H2:面板数据模型中各细分服务行业斜率系数相同,截距相同。

检验所采用的两个 F 统计量分别是:

$$F_2 = \frac{(S_3 - S_1) / [(N-1)(k+1)]}{S_1 / (NT - N(k+1))} \sim$$

$$F[(N-1)(k+1), N(T-k-1)]$$

$$F_1 = \frac{(S_2 - S_1) / [(N-1)k]}{S_1 / (NT - N(k+1))} \sim$$

$$F[(N-1)k, N(T-k-1)]$$

式中,S_1 表示回归系数不同的面板数据模型残差平方和,S_2 表示斜

率系数相同的常系数面板数据模型残差平方和，S_3 表示混合回归模型残差平方和，N 代表服务行业数，k 代表解释变量数目，T 代表时间长度。

如果计算得到的 F_2 小于给定显著性水平下的临界值，则接受假设 H2，采用各细分服务行业斜率与截距都相同的混合回归模型；反之，如果计算得到的 F_2 大于给定显著性水平下的临界值，则拒绝假设 H2，此时继续检验假设 H1。若计算得到的 F_1 小于给定显著水平下的临界值，则接受假设 H1，采用各细分服务行业斜率系数相同的常系数面板数据模型；反之，若计算得到的 F_1 大于给定显著性水平下的临界值，则拒绝假设 H1，此时应该采用回归系数不同的面板数据模型进行拟合。本书计算得到的两个 F 统计量都在 5% 的显著性水平下拒绝原假设，验证了各服务行业解释变量系数不同的理论判断，所以应该采用回归系数不同的面板数据随机系数模型进行分析，以反映各变量对具有异质性的细分服务行业的不同影响。

本节利用 Swamy（1970）的面板随机系数模型，实证分析流入不同服务行业的国际直接投资对广东各细分服务行业技术效应的影响。考虑到数据的可获得性，本部分实证研究将时间区间定为 2004—2010 年，选取的 13 个服务行业包括：交通运输、仓储和邮政业，信息传输、计算机服务和软件业，批发和零售业，住宿和餐饮业，金融业，房地产业，租赁和商务服务业，科学研究、技术服务和地质勘查业，水利、环境和公共设施管理业，居民服务和其他服务业，教育，卫生、社会保障和社会福利业，文化、体育和娱乐业。

综合考虑数据的可获得性以及经济学理论，本节构建的实证计量模型为：

$$TFP_{it} = C_{1it} + \alpha_{1i}\ln SFDI_{it} + \beta_{1i}\ln SK_{it} + \gamma_{1i}\ln SCI_{it} + \delta_{1i}\ln SGDP_{it} + \phi_{1i}\ln SW_{it} + e_{1it} \quad (4-7)$$

$$TC_{it} = C_{2it} + \alpha_{2i}\ln SFDI_{it} + \beta_{2i}\ln SK_{it} + \gamma_{2i}\ln SCI_{it} + \delta_{2i}\ln SGDP_{it} + \phi_{2i}\ln SW_{it} + e_{2it} \quad (4-8)$$

$$EC_{it} = C_{3it} + \alpha_{3i}\ln SFDI_{it} + \beta_{3i}\ln SK_{it} + \gamma_{3i}\ln SCI_{it} +$$
$$\delta_{3i}\ln SGDP_{it} + \phi_{3i}\ln SW_{it} + e_{3it} \quad (4-9)$$

其中，i = 1，2，3，…，13，t = 2004，2005，…，2010；TFP、TC、EC、ln$SFDI$、lnSK、lnSCI、ln$SGDP$、lnSW 分别表示广东上述 13 个服务行业的全要素生产率指数、技术进步指数、技术效率指数、行业实际利用国际直接投资额、行业资本存量、行业资本密集度、行业增加值以及行业职工年平均工资。上述所有变量都经价格调整化为实际量，数据具体处理方式同上小节所述。

二 模型估计结果

利用广义最小二乘法（GLS）对上述面板数据模型进行估计，得到模型的估计结果如表 4－4、表 4－5 和表 4－6 所示：

表 4－4　　广东服务业分行业技术效应（被解释变量为 TFP）

面板随机系数模型

	ln$SFDI$	lnSK	lnSCI	ln$SGDP$	lnSW	C
交通运输、仓储和邮政业	0.205302* (1.87)	－1.12785 (－1.01)	0.686271 (0.61)	0.818771* (1.36)	0.990347 (0.6)	－14.7803 (－1.12)
信息传输、计算机服务和软件业	－0.03454* (－1.42)	0.326649 (0.49)	－1.09726*** (－5.59)	0.317085* (1.35)	－2.22745*** (－6.65)	31.56766*** (11.33)
批发和零售业	0.208779** (2.03)	0.001823 (0.00)	0.271308 (0.4)	1.402591*** (2.75)	－3.45125* (－1.86)	17.70672 (1.23)
住宿和餐饮业	0.149984* (1.37)	－1.03281 (－1.11)	1.028374 (1.1)	0.970204* (1.61)	－0.76037 (－0.66)	－3.127 (－0.3)
金融业	0.118898*** (4.71)	－4.05663*** (－17.71)	5.105769*** (7.41)	2.405404*** (17.26)	－2.48285*** (－9.3)	－22.0431*** (－4.35)
房地产业	－0.02552 (－1.13)	－3.80498*** (－14.95)	－0.40993*** (－3.72)	1.645975*** (20.09)	7.092823*** (11.76)	－34.4673*** (－11.71)

续表

	ln*SFDI*	ln*SK*	ln*SCI*	ln*SGDP*	ln*SW*	C
租赁和商务服务业	0.08716 (0.73)	-0.02247 (-0.04)	-0.12356 (-0.17)	-0.11422 (-0.17)	0.644281 (0.53)	-3.79066 (-0.43)
科学研究、技术服务和地质勘查业	0.046341 (0.61)	-1.98759*** (-2.77)	-0.08923 (-0.37)	1.078327* (2.27)	0.637153 (0.96)	-0.4609 (-0.08)
水利、环境和公共设施管理业	0.019031 (1.09)	-6.94474*** (-10.25)	4.130919*** (10.94)	2.624054*** (9.57)	5.6819*** (8.64)	-64.137*** (-9.62)
居民服务和其他服务业	0.07491 (1.01)	-0.34564 (-0.69)	0.205139 (0.45)	0.319806 (0.68)	0.239965 (0.19)	-3.72448 (-0.38)
教育	0.027049 (0.71)	-1.55744*** (-2.73)	1.202436 (1.24)	0.965261* (1.62)	-0.26353 (-0.29)	-4.86608 (-0.9)
卫生、社会保障和社会福利业	0.068276 (1.16)	-0.3321 (-0.36)	0.692718 (0.74)	0.485628 (0.81)	-0.77998 (-0.71)	0.162622 (0.02)
文化、体育和娱乐业	0.072454 (1.17)	-0.2978 (-0.57)	0.29231 (1.11)	0.764396* (1.33)	-0.94254 (-0.78)	4.288138 (0.48)

注：括号中的数值为 Z 值。

模型参数稳定性检验的结果为 chi2 = 2893.61，p 值为 0.0000，因此高度拒绝模型参数不变的原假设，即不同服务行业各变量的弹性系数是显著不同的，应该建立面板随机系数模型来反映这种差异。模型拟合效果良好，各项统计指标符合计量统计标准。根据表 4-4 所示的估计结果，可以对流入广东各细分服务行业的国际直接投资对各服务行业全要素生产率的影响做以下分析：

流入交通运输、仓储和邮政业，批发和零售业，住宿和餐饮业，金融业的国际直接投资对以上服务行业的全要素生产率具有显著的正向影响，其弹性系数分别为 0.205302、0.208779、0.149984、0.118898，表明流入上述服务行业的国际直接投资每增加 1 个百分点，引致以上服务行业的全要素生产率指数分别增加 0.205302、0.208779、0.149984、

0.118898。从数值上看,流入上述服务行业的国际直接投资对行业全要素生产率提升作用由大到小依次是批发和零售业,交通运输、仓储和邮政业,住宿和餐饮业,金融业。从性质上看,以上服务行业基本上都属于传统服务行业(金融业除外),这些服务行业大多在广东已经获得了较长一段时间的发展,发展较为成熟,与国外服务行业在全要素生产率上并没有太大差距,因此服务业国际直接投资进入上述行业后,这些服务行业的国内服务企业可以很好地吸收到服务业外商投资企业的溢出效应,从而促进了这些服务行业全要素生产率的提高。

流入信息传输、计算机服务和软件业的国际直接投资对该行业的全要素生产率具有负面作用,其弹性系数为 -0.03454,表明进入信息传输、计算机服务和软件业的国际直接投资每增加 1 个百分点,该行业的全要素生产率将下降 0.03454。信息传输、计算机服务和软件业作为新兴服务行业,在广东仍属于朝阳行业,该行业的内资服务企业在全要素生产率、生产技术水平、经营管理技能、企业组织形态等方面都与跨国服务企业具有较大的差距,显著的差距使得该行业的内资服务行业非但无法有效吸收服务业外商投资企业的溢出效应,反而被服务业外商投资企业挤出市场,技术门槛的存在导致流入信息传输、计算机服务和软件业的国际直接投资对该行业的全要素生产率具有负面作用。

表 4-5　　广东服务业分行业技术效应(被解释变量为 TC)

面板随机系数模型

	$\ln SFDI$	$\ln SK$	$\ln SCI$	$\ln SGDP$	$\ln SW$	C
交通运输、仓储和邮政业	0.281607 *** (3.25)	-3.30876 *** (-4.84)	0.860334 * (1.82)	0.746256 *** (4.15)	5.766015 *** (3.57)	-44.9184 *** (-4.49)
信息传输、计算机服务和软件业	-0.0021 (-0.20)	11.70921 *** (22.25)	-4.29027 *** (-43.28)	-3.85691 *** (—20.64)	-7.04022 *** (-32.47)	64.71915 *** (58.61)

续表

	ln*SFDI*	ln*SK*	ln*SCI*	ln*SGDP*	ln*SW*	C
批发和零售业	0.121181 (1.28)	1.959606 ** (2.4)	-2.09787 *** (-2.88)	1.172884 *** (3.88)	-3.70863 *** (-3.34)	30.93804 *** (3.19)
住宿和餐饮业	0.028003 (0.80)	-1.90045 *** (-4.50)	1.395542 **** (3.84)	2.337849 **** (4.23)	-1.15098 **** (-2.63)	-4.85385 (-1.08)
金融业	0.138109 *** (4.96)	-2.88621 *** (-11.02)	2.511205 *** (3.48)	2.976554 *** (16.26)	-3.61696 *** (-10.4)	4.522994 (0.87)
房地产业	0.066076 (0.69)	0.481783 (0.46)	-0.14253 (-0.27)	-0.35094 (-0.49)	-0.4908 (-0.35)	4.613297 (0.41)
租赁和商务服务业	0.250914 *** (3.20)	0.090607 (0.29)	-2.55238 *** (-3.48)	-1.16073 ** (-2.31)	4.525012 *** (3.52)	-12.3173 *** (-2.59)
科学研究、技术服务和地质勘查业	-0.223260 *** (-12.31)	-3.19675 *** (-16.98)	0.333246 *** (6.97)	1.745937 *** (15.79)	2.019405 *** (13.09)	-12.4811 *** (-9.24)
水利、环境和公共设施管理业	0.113924 * (1.94)	-0.58159 (-0.38)	0.084322 (0.10)	0.414441 (0.63)	0.677998 (0.42)	-4.32151 (-0.29)
居民服务和其他服务业	0.079061 (1.11)	-0.27268 (-0.55)	0.14374 (0.28)	0.23735 (0.35)	0.407524 (0.48)	-4.60296 (-0.65)
教育	0.031952 (0.74)	-3.69482 (-1.33)	3.963632 (1.54)	2.140023 * (1.82)	-1.42428 (-1.36)	-16.4326 (-1.10)
卫生、社会保障和社会福利业	0.077112 *** (2.74)	0.203841 (0.30)	0.129976 (0.08)	-0.21275 (-0.65)	-0.16362 (-0.11)	0.779782 (0.14)
文化、体育和娱乐业	0.040883 (0.56)	0.776331 (1.22)	-0.52257 (-1.49)	-0.765 (-1.11)	0.095355 (0.12)	4.665445 (0.71)

注：括号中的数值为 Z 值。

模型参数稳定性检验的结果为 chi2 = 7585.79，p 值为 0.0000，因此高度拒绝模型参数不变的原假设，即不同服务行业各变量的弹性系数是显著不同的，应该建立面板随机系数模型来反映这种差异。模型拟合效果良好，各项统计指标符合计量统计标准。根据表 4-5 所示的估计结果，可以对流入广东各细分服务行业的国际直接投资对各服务行业技术进步指数的影响做以下分析：

流入交通运输、仓储和邮政业，金融业，租赁和商务服务业，水利、环境和公共设施管理业，卫生、社会保障和社会福利业的国际直接投资对以上服务行业的技术进步指数具有显著正向影响，其弹性系数分别为 0.281607、0.138109、0.250914、0.113924、0.077112，表明流入上述服务行业的国际直接投资每增加 1 个百分点，引致以上服务行业的技术进步指数分别增加 0.281607、0.138109、0.250914、0.113924、0.077112。从数值上看，流入上述服务行业的国际直接投资对行业技术进步率提升作用由大到小依次是交通运输、仓储和邮政业，租赁和商务服务业，金融业，水利、环境和公共设施管理业，卫生、社会保障和社会福利业。实证结果表明，上述服务行业在广东服务业对外开放进程中能够较好地吸收与利用服务业国际直接投资产生的技术外溢效应，跨国服务企业的示范效应使得上述国内服务企业不断获得后发优势，在与跨国服务企业的竞争中上述行业的国内企业技术水平与技术创新能力得到提高，从而促进了整个行业技术进步指数的提升。

流入科学研究、技术服务和地质勘查业的国际直接投资对该行业的技术进步指数具有负面作用，其弹性系数为 -0.223260，表明进入科学研究、技术服务和地质勘查业的国际直接投资每增加 1 个百分点，该行业的技术进步指数将下降 0.223260。科学研究、技术服务和地质勘查业是技术密集型服务行业，该行业的广东内资服务行业与服务业外商投资企业仍存在较大的技术差距，实证结果表明该行业的内资服务行业仍未越过有效吸收跨国服务企业技术溢出效应的技术门槛，同时，跨国服务企业具有严密的知识产权保护与防止技术扩散措施，内资服务企业在与服务业外商投资企业竞争中逐渐被挤出市场，导致流入科学研究、技术服务和地质勘查业的国际直接投资对该行业的技术进步指数产生负面影响。

表4-6 广东服务业分行业技术效应（被解释变量为EC）随机系数模型

	lnSFDI	lnSK	lnSCI	lnSGDP	lnSW	C
交通运输、仓储和邮政业	0.066094 (0.62)	0.124776 (0.09)	-0.1044 (-0.05)	0.410828 (0.68)	-0.18344 (-0.1)	-0.12444 (-0.01)
信息传输、计算机服务和软件业	0.031283 *** (2.91)	-15.8928 *** (-27.21)	4.029309 *** (37.37)	5.791364 *** (27.88)	6.617534 *** (27.28)	-39.9474 *** (-33.63)
批发和零售业	0.087292 (0.74)	-0.65849 (-0.62)	0.65848 (0.68)	0.714685 (1.08)	-0.4965 (-0.35)	-2.12792 (-0.17)
住宿和餐饮业	0.137814 * (1.89)	0.642915 (0.75)	-0.34654 (-0.41)	-0.91369 (-1.25)	0.53049 (0.62)	-0.10759 (-0.01)
金融业	-0.06697 *** (-9.21)	-1.57066 *** (-24.26)	4.083562 *** (19.36)	-0.63887 *** (-19.13)	1.165599 *** (17.62)	-36.9311 *** (-23.89)
房地产业	0.020281 (0.17)	-2.43661 * (-1.89)	0.540343 (0.87)	1.659242 * (1.92)	2.132379 (1.31)	-15.4044 (-1.28)
租赁和商务服务业	-0.08011 (-0.73)	0.149018 (0.31)	-0.01339 (-0.02)	-0.36916 (-0.5)	0.475339 (0.38)	-0.77066 (-0.13)
科学研究、技术服务和地质勘查业	0.146442 * (1.91)	-0.36957 (-0.48)	-0.12225 (-0.58)	0.158212 (0.33)	-0.19731 (-0.32)	3.483335 (0.63)
水利、环境和公共设施管理业	-0.12315 * (-1.78)	-3.50245 ** (-2.11)	2.471368 *** (2.62)	1.120536 (1.49)	2.337421 (1.35)	-30.6215 * (-1.88)
居民服务和其他服务业	-0.00064 (-0.15)	-0.03221 (-1.28)	-0.06014 (-1.17)	0.057571 (0.81)	0.139658 *** (9.67)	—
教育	-0.12462 *** (-85.66)	16.22517 *** (102.33)	-17.1654 *** (-103.43)	-6.61474 *** (-111.19)	2.86784 *** (107.82)	91.10056 *** (98.95)
卫生、社会保障和社会福利业	-0.005 (-0.13)	0.002317 (0.00)	-0.01512 (-0.01)	0.444402 (0.99)	-0.44155 (-0.33)	3.168817 (0.31)
文化、体育和娱乐业	0.023387 (0.86)	-1.43517 *** (-5.42)	0.962892 *** (7.43)	2.192316 *** (5.32)	-1.36633 ** (-1.97)	1.300125 (0.27)

注：括号中的数值为Z值。

模型参数稳定性检验的结果为chi2 = 21227.99，p值为0.0000，因此高度拒绝模型参数不变的原假设，即不同服务行业各变量的弹性系数是显著不同的，应该建立面板随机系数模型来反映这种差异。模型拟合效果良好，各项统计指标符合计量统计标准。根据表4-6所示的估计结果，可以对流入广东各细分服务行业的国际直接投资对各服务行业技术效率指数的影响做以下分析：

流入信息传输、计算机服务和软件业，住宿和餐饮业，科学研究、技术服务和地质勘查业的国际直接投资对以上服务行业的技术效率指数具有显著正向影响，其弹性系数分别为0.031283、0.137814、0.146442，表明流入上述服务行业的国际直接投资每增加1个百分点，引致以上服务行业的技术效率指数分别增加0.031283、0.137814、0.146442。国际直接投资的进入使得上述服务行业在服务产品生产过程中更合理和有效地开发和利用各种投入要素，更有效地配置各项资源，使得以上服务行业的生产经营活动不断向各自潜在的生产可能性曲线逼近，行业的技术效率水平得到提高。

流入金融业，水利、环境和公共设施管理业，教育的国际直接投资对以上服务行业的技术效率指数具有显著负向影响，其弹性系数分别为-0.06697、-0.12315、-0.12462，表明流入上述服务行业的国际直接投资每增加1个百分点，引致以上服务行业的技术效率指数分别下降0.06697、0.12315、0.12462。可以发现，上述服务行业属于关系国家经济与文化安全的重要服务行业，这些服务行业垄断程度较高，受国家行政干预与影响的程度也较深，市场竞争不激烈，因此外资进入带来的竞争加剧并不是其技术效率改进的动因，其技术效率主要受到市场以外的其他因素影响。

综合上述分析可以发现，流入交通运输、仓储和邮政业，批发和零售业，住宿和餐饮业，金融业的国际直接投资对上述行业的全要素生产率具有正向影响。其中，流入交通运输、仓储和邮政业，金融业的国际直接投资对行业的TC具有正向影响，表明国际直接投资促进交通运输、仓储和邮政业，金融业全要素生产率提升的机制在于国际直接投资通过促进这两个行业的技术进步，从而推动行业整体全要素生产率的提升；而流入住宿和餐饮业的国际直接投资对行业的 EC 具有正向影响，表明国际直接投资推动住宿和餐饮业全要素生产率提升的机制在于改进其技术效率。众所周知，交通运输、仓储和邮政业，金融业分别属于资本密集型和知识密集型服务行业，这两个行业的内资服务企业与先进的服务业跨国公司之间仍然存在一定的技术差距，服务业国际直接投资带来的技术转移与技术溢出促进了内资服务企业的技术进步，并且引发行业全要素生产率的提升。住宿和餐饮业属于传统劳动密集型服务行业，国际直接投资的进入带来了全新的营销理念，强调经营效率的提高（例如麦当劳、肯德基等快餐企业），这对内资服务企业形成良好的示范效应，推动内资服务企业技术效率提升，从而引发全要素生产率的改善。

虽然流入租赁和商务服务业，水利、环境和公共设施管理业，卫生、社会保障和社会福利业的国际直接投资对上述行业的技术进步具有显著影响，但由于国际直接投资对行业的技术效率影响不显著，导致国际直接投资对行业的全要素生产率并没有显著影响。可以看出，水利、环境和公共设施管理业，卫生、社会保障和社会福利业都属于国家公共部门，其外资的流入量依然较低，影响了国际直接投资技术效应的发挥。

流入信息传输、计算机服务和软件业的国际直接投资对行业的全要素生产率具有负向影响，其原因主要在于信息传输、计算机服务和软件业作为新兴服务行业，国内垄断程度仍然较高，造成全要素生产率的"虚高"假象。当外资进入以后，改变了市场格局，对信息传输、计算机服务和软件业的全要素生产率"虚高"假象具有一定抑制作用，在短期内即表现为行业全要素生产率的下降。不可否认，外资的进入可以激活市场竞争，对行业的长期发展具有积极意义。

流入居民服务和其他服务业，文化、体育和娱乐业的国际直接投资没有对行业产生显著的技术效应，其原因与上述行业国际直接投资流入比重较低有关。毋庸置疑，随着行业对外开放度的进一步提升，国际直接投资的技术效应将会得到进一步的发挥。

第三节　本章小结

服务业国际直接投资通过竞争效应、示范效应、产业关联效应和人力资本流动效应发挥其技术效应。服务业国际直接投资显著促进了广东服务业全要素生产率以及技术进步指数的增长，服务业利用国际直接投资每增加 1 个百分点，将分别引致服务业全要素生产率以及技术进步指数增加 0.07966、0.067526，表明服务业国际直接投资有效发挥了其技术效应。服务业国际直接投资通过竞争效应引入市场竞争，打破服务业市场格局，激活服务业市场主体，逼迫内资服务企业不断加大研发投入，努力提高自主创新能力，促进服务业生产率提升与技术进步；通过示范效应为内资服务企业提供学习与参照的榜样，内资服务企业通过"干中学""逆向工程"等途径不断获得模仿服务业外商投资企业的机会，提高生产技术水平与生产效率；通过产业关联效应提高上下游服务企业的技术水平和服务技能，导致服务业整体全要素生产率与技术进步率的提升；通过人力资本流动效应加快服务业技术的转移与扩散，内资服务企业在技术人员流动中能够轻易获得服务业跨国公司知识与技术溢出的红利，有利于内资服务企业全要素生产率提升与技术升级。服务业国际直接投资对服务业技术效率指数并没有显著影响，揭示了广东服务业技术效率的改进更多地应该依靠本土服务企业自身努力，通过优化各项资源配置效率，更有效地开发和利用各种生产投入，使生产可能性曲线不断向潜在最大生产可能性曲线靠近。广义脉冲响应函数的进一步研究显示，服务业国际直接投资对广东服务业全要素生产率和技术进步指数的促进作用存在一定"门槛效应"，只有当广东内资服务企业越过技术门槛后，服务业国际直接投资的正向技术效应才能完全显现出来，平均而言，广东内资服务企业完全越过技术门槛需要的时间为4—5年。面板随机系数模型结果表明流入不同服务行业的国际直接投资对各行业的技术效应具有不同的效果。一些服务行业的国际直接投资对行业具有正向技术效应，一些服务行业的国际直接投资对行业具有负向技术效应，还有一些服务行业的国际直接投资对行业没有产生显著的技术效应。造成这种差异的原因主要是由于各服务行业自身特征存在异质性，并且不同服务行业处于不同的发展阶段，具有不同的发展特性，而服务业国际直接投资在广东各细分服务行业的分布不均进一步扩大了服务业国际直接投资对各服务行业技术效应的差异性。研究结论表明对待不同服务行业的国际直接投资不能采取"一刀切"的做法，引导服务业国际直接投资的行业流向具有重大的意义。相关决策部门应该制定差别化的引资政策，根据不同的目的，合理引导国际直接投资流入各服务行业，充分利用服务业国际直接投资的有利影响，规避其不利影响，以促进各服务行业全要素生产率（技术进步、技术效率）的全面提升。

第五章 服务业国际直接投资的要素积累效应

本章主要考察服务业国际直接投资对服务业要素积累的影响。服务业国际直接投资的流入将对劳动力和资本两大生产要素产生影响。其中，服务业国际直接投资对服务业劳动力市场的影响，包括服务业国际直接投资对服务业劳动力数量和服务业职工工资水平（人力资本水平）的影响两方面。而服务业国际直接投资对服务业资本的影响则体现为对服务业国内资本的挤入和挤出效应。

第一节 服务业国际直接投资对劳动力数量的影响

一 模型设定与变量选取

本节构建计量经济模型对广东服务业国际直接投资对服务业就业的影响进行实证研究。服务业就业人数的变化受到多种因素的影响，除了本书重点考察的服务业国际直接投资外，主要还受到劳动力价格水平和服务业经济发展状况的影响，因此笔者选取服务业平均工资水平以及服务业生产总值作为控制变量，用以控制服务业劳动力价格和服务业经济发展对服务业就业的影响。

各变量的含义以及符号预期如下：

服务业就业人数（L）：采用广东历年第三产业就业人数作为被解释变量，反映广东服务业就业市场状况，单位为万人。

服务业实际利用国际直接投资（FDI）：采用广东历年第三产业实际利用国际直接投资额，单位为亿美元。运用美元对人民币年平均汇率将计价单位换算为人民币，单位为亿元，同时用广东居民消费价格指数（1983＝100）进行平减，化为广东服务业利用国际直接投资的实际值。此变量是本书重点考察的内容，其符号反映了服务业国际直接投资对广东服务业就业市场的影响。

服务业年平均工资（W）：采用广东历年第三产业年平均工资，单位为元①。同时，为了消除物价的影响，本书用广东居民消费价格指数（1983＝100）进行平减，化为广东服务业实际年平均工资。由于支付给工人的工资是服务企业生产成本的重要组成部分，因此服务业平均工资的上升会提高服务企业的生产成本，对服务业就业产生消极影响，其符号预期为负号。

服务业生产总值（$SGDP$）：采用广东历年第三产业生产总值，单位为亿元，对其用广东居民消费价格指数（1983＝100）进行平减，化为实际值。服务业生产总值的提高意味着服务业经济的增长，对扩大服务业就业具有积极的影响，其预期符号为正。

由于对时间序列数据进行自然对数变换不会改变数据性质，却能使数据线性趋势化并在一定程度上消除时间序列中的异方差，因此在实证分析过程中对上述变量进行对数化处理，分别记为 $\ln L$、$\ln FDI$、$\ln W$、$\ln SGDP$。实证检验的时间序列长度为1986—2009年，数据根据

---

① 鉴于2003年以前《广东统计年鉴》中并没有直接统计第三产业年平均工资，本书2003年以前服务业年平均工资数据为广东省各细分服务行业职工年平均工资的平均数，数据根据相关年份《广东统计年鉴》计算整理；2003年及以后数据为广东省第三产业在岗职工年平均工资，数据来源于相关年份《广东统计年鉴》。

《数说广东六十年（1949—2009）》、相关年份《广东统计年鉴》以及《2010年广东国民经济和社会发展统计公报》计算与整理得到。

二 单位根检验

采用 ADF 检验（Augmented Dickey-Fuller Test）对上述序列进行单位根检验。根据经济意义以及数据轨迹图选择合适的检验类型，根据 SIC 准则选择恰当的滞后阶数，得到单位根检验的结果（如表5-1所示）：

表5-1　　　　　　　　　　单位根检验结果

变量	检验类型（CTP）	ADF 值	临界值（%）			整合阶数
			10	5	1	
$\ln L$	（CN3）	0.399521	-2.65041	-3.02069	-3.80855	I(1)
$\Delta \ln L$	（NN0）	-3.00596***	-1.60818	-1.9572	-2.67429	I(0)
$\ln FDI$	（CN0）	-1.19014	-2.63875	-2.99806	-3.75295	I(1)
$\Delta \ln FDI$	（NN0）	-3.00999***	-1.60818	-1.9572	-2.67429	I(0)
$\ln W$	（CN0）	1.11019	-2.63875	-2.99806	-3.75295	I(1)
$\Delta \ln W$	（CN0）	-3.36661**	-2.64224	-3.00486	-3.7696	I(0)
$\ln SGDP$	（CT0）	-2.98395	-3.24859	-3.62203	-4.41635	I(1)
$\Delta \ln SGDP$	（CN0）	-3.68626**	-2.64224	-3.00486	-3.7696	I(0)

注：1. Δ 表示对序列进行一阶差分；2. 检验类型中 C 表示含有截距项，T 表示含有趋势项，P 表示滞后阶数，N 表示不包含常数项（趋势项）；3. *表示在10%的显著性水平下通过检验，**表示在5%的显著性水平下通过检验，***表示在1%的显著性水平下通过检验。下同。

由表5-1可以看出，$\ln L$、$\ln FDI$、$\ln W$、$\ln SGDP$ 四个序列在10%的显著性水平下都无法通过 ADF 检验，表明 $\ln L$、$\ln FDI$、$\ln W$、$\ln SGDP$ 不能拒绝序列含有单位根的原假设，为非平稳序列；同时四个变量的一阶差分序列 $\Delta \ln L$、$\Delta \ln FDI$、$\Delta \ln W$、$\Delta \ln SGDP$ 在5%和1%的显著

性水平下都拒绝序列含有单位根的原假设,四个变量经过一阶差分后变为平稳序列。因此,$\ln L$、$\ln FDI$、$\ln W$、$\ln SGDP$ 四个序列为一阶单整序列 I (1),符合序列间存在协整关系的前提条件。

三 协整分析

本书运用 Johansen (1988) 提出的基于向量自回归模型回归系数检验的多变量协整检验方法对 $\ln L$、$\ln FDI$、$\ln W$、$\ln SGDP$ 四个变量进行协整检验,分析 $\ln L$、$\ln FDI$、$\ln W$、$\ln SGDP$ 四个变量之间是否存在一种稳定的长期均衡关系。根据经济意义、数据轨迹图选择"序列有确定性趋势、协整方程具有截距项",根据 AIC 准则选择滞后阶数为 2,得到 Johansen 协整检验结果(如表 5-2 所示):

表 5-2　　　　　　　　　　Johansen 协整检验

协整向量	协整向量数	特征根	最大特征值	5%临界值	p 值
$\ln L$、$\ln FDI$、$\ln W$、$\ln SGDP$	无	0.809843	34.85802	27.58434	0.0049
$\ln L$、$\ln FDI$、$\ln W$、$\ln SGDP$	至多一个	0.631695	20.97572	21.13162	0.0525
$\ln L$、$\ln FDI$、$\ln W$、$\ln SGDP$	至多两个	0.391492	10.43167	14.2646	0.1851

由表 5-2 可以看出,在 5% 的显著性水平下,拒绝了 $\ln L$、$\ln FDI$、$\ln W$、$\ln SGDP$ 之间不存在协整关系的原假设,同时不能拒绝 $\ln L$、$\ln FDI$、$\ln W$、$\ln SGDP$ 之间至多存在一个协整关系的原假设,表明 $\ln L$、$\ln FDI$、$\ln W$、$\ln SGDP$ 四个变量之间存在一个协整关系。协整方程为:

$$\ln L = -0.04045\ln FDI - 0.780428\ln W + 0.982186\ln SGDP + 6.780147 + vecm$$

$$t = (-4.422) \qquad (-4.677) \qquad (7.761)$$

$$(5-1)$$

对残差项 vecm 进行单位根检验，检验类型选择没有截距项和趋势项，得到 ADF 检验结果（如表 5 – 3 所示）：

表 5 – 3　　　　　　　　残差项 vecm 的单位根检验

变量	检验类型（CTP）	ADF 值	临界值（%）			整合阶数
			10	5	1	
vecm	（NN2）	-4.713603***	-1.60783	-1.958088	-2.67974	I（0）

表 5 – 3 显示在 1% 的显著性水平下，拒绝残差项 vecm 存在单位根的原假设，表明残差为平稳序列，验证了协整方程的准确性。

协整方程显示所有变量都通过 t 检验，变量显著进入方程，服务业年平均工资以及服务业生产总值前系数符号与预期相同。服务业年平均工资每增长 1 个百分点，将导致服务业就业人员减少约 0.78 个百分点，说明服务业就业人员平均工资水平的上升增加了服务企业生产经营成本，从而减少对员工的需求；服务业生产总值每增长 1 个百分点，将引致服务业就业人员增加约 0.98 个百分点，表明服务业经济增长创造了服务业就业岗位，扩大了对劳动力的需求，对服务业就业具有积极作用；值得注意的是，本书重点关注的变量服务业国际直接投资每增加 1 个百分点，将引起服务业就业人数减少约 0.04 个百分点，服务业国际直接投资对广东服务业就业产生了微弱的消极影响。

四　脉冲响应函数分析

协整分析反映的是变量之间存在的一种稳定均衡关系，为了进一步反映服务业国际直接投资与服务业就业在时序维度的动态相关关系，从而揭示广东服务业国际直接投资对服务业就业的动态影响，可以借助基于向量自回归模型（VAR model）的脉冲响应函数。

本章基于四个变量所建立的 VAR（3）模型①，得到广东服务业就业人数对服务业国际直接投资的广义脉冲响应函数如图 5-1 所示。图中横轴代表脉冲响应的期数，纵轴代表 ln$L$ 对 lnFDI 的广义脉冲响应，虚线代表正负两倍标准差带。

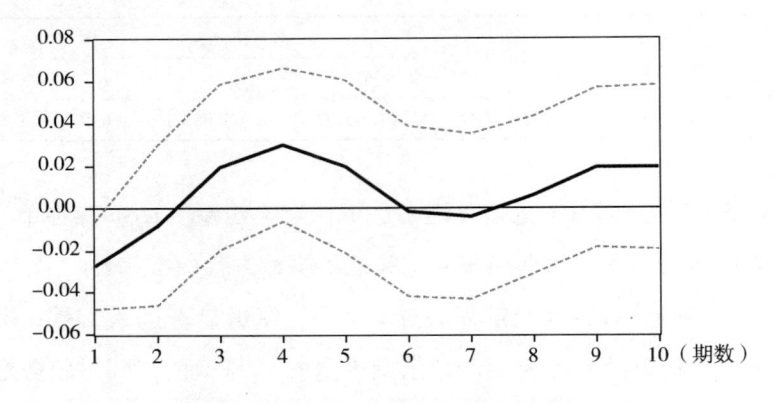

图 5-1　ln$L$ 对 lnFDI 的广义脉冲响应

由图 5-1 可以看出，广东服务业就业人数对服务业国际直接投资一个标准差新息的冲击在第 1 期就显示出负效应，并且这种负效应一直持续到第 2 期期中，表明服务业国际直接投资的进入给广东带来负的短期就业效应。结合前文服务业国际直接投资就业效应的作用机理，一方面从外资进入方式和经营模式来看是因为近年来国际资本跨国并购以及外商投资独资化的趋势越来越明显，绿地投资以及合资合作经营的比重逐渐下降，从而对流入地的短期就业产生一定的消极影响；另一方面从服务业国际直接投资与内资的关系分析则是由于当前服务业国际直接投资与国内服务业投资主要表现为一种竞争关系，服务业国际直接投资凭

---

① 根据 AIC 准则选择模型的滞后阶数，模型所有特征根的倒数都位于单位圆之内，满足稳定性条件，模型整体效果良好，可以进行广义脉冲响应分析。

借其强大的竞争优势挤出了国内服务业投资,在短期形成就业损失效应。从第 3 期开始,lnL 对 lnFDI 的响应开始转为正向,并且其响应值在第 4 期达到最大的 0.030053。此后,lnL 对 lnFDI 的正响应开始逐渐减少,并在第 6、第 7 期降为微弱负响应。从第 8 期开始服务业就业人数对服务业国际直接投资的冲击重新变为正响应并一直维持到第 10 期期末。广义脉冲响应函数的经济含义是,虽然服务业国际直接投资的进入在初始几年对广东服务业就业产生消极影响,但是服务业国际直接投资能够通过带动前后关联产业的发展、调整服务业内部结构、促进服务业技术进步与经济发展而给广东服务业带来正向长期就业效应。

第二节 服务业国际直接投资对职工工资的影响

一 基于服务业整体的分析

(一)变量选取与模型构建

本节建立计量模型,实证分析广东服务业国际直接投资对服务业职工实际工资的影响。根据数据可获得性和传统经济学理论,服务业职工实际工资水平除了受到本书重点研究的服务业国际直接投资的影响以外,主要还受到服务业经济发展水平以及服务业就业人数的影响。因此本书选择广东服务业生产总值以及服务业就业人数作为控制变量,用以控制服务业经济增长以及服务业就业人数对职工实际工资水平的影响。各变量含义以及数据处理过程具体解释如下:

被解释变量:

服务业职工年平均工资(SW):选取广东服务业职工年平均工资作为被解释变量,用以反映广东服务业职工工资水平,单位为元。同时,为了消除物价的影响,用广东居民消费价格指数(1983 = 100)进行平减,化为广东服务业职工实际年平均工资。

解释变量及控制变量：

服务业国际直接投资（SFDI）：使用广东服务业实际利用国际直接投资额。采用当年美元对人民币年平均汇率将美元计价折算为人民币计价，单位为亿元，同时用广东居民消费价格指数（1983＝100）进行物价平减，化为消除物价影响后的广东服务业实际利用国际直接投资额。

服务业生产总值（SGDP）：采用服务业生产总值，单位为亿元，用广东居民消费价格指数（1983＝100）进行物价平减，得到广东服务业生产总值的实际数。

服务业就业人数（SE）：使用广东历年服务业就业人员数目，单位为万人。

实证分析的数据根据《数说广东六十年（1949—2009）》以及相关年份《广东统计年鉴》计算与整理得到。由于对数据进行对数化处理并不会改变数据的变化趋势，却能使数据线性化，并在一定程度上消除异方差，因此本书对数据进行对数化处理。对上述变量对数化后，本章建立的计量模型如下：

$$\ln SW_t = \alpha \ln SFDI_t + \beta \ln SGDP_t + \gamma \ln SE_t + e_t$$
$$t = 1986，1987，\cdots，2010 \quad\quad (5-2)$$

（二）单位根检验

采用 ADF 检验对上述变量进行单位根检验。根据经济含义以及数据轨迹图选择合适的 ADF 单位根检验类型，根据 SIC 准则选择恰当的滞后阶数，得到单位根检验的结果（如表 5 – 4 所示）：

表 5 – 4　　　　　　　　单位根检验

变量	检验类型（CTP）	ADF 值	临界值（%）			整合阶数
			10	5	1	
ln SW	（CN0）	0.891341	－2.63554	－2.99188	－3.73785	I（1）

续表

变量	检验类型（CTP）	ADF值	临界值（%）			整合阶数
			10	5	1	
$\Delta \ln SW$	(CN0)	-3.50353**	-2.63875	-2.99806	-3.75295	I(0)
$\ln SFDI$	(CN0)	-1.26832	-2.63554	-2.99188	-3.73785	I(1)
$\Delta \ln SFDI$	(NN0)	-3.08449***	-1.6085	-1.95641	-2.66936	I(0)
$\ln SGDP$	(CT0)	-2.98585	-3.24308	-3.6122	-4.39431	I(1)
$\Delta \ln SGDP$	(CN0)	-4.05747***	-2.63875	-2.99806	-3.75295	I(0)
$\ln SE$	(CN3)	0.348869	-2.64612	-3.01236	-3.78803	I(1)
$\Delta \ln SE$	(NN0)	-3.02385***	-1.6085	-1.95641	-2.66936	I(0)

由表 5-4 可以看出，序列 $\ln SW$、$\ln SFDI$、$\ln SGDP$、$\ln SE$ 的水平值即使在 10% 的显著性水平下都无法拒绝序列存在单位根的原假设，表明上述序列的水平值都为非平稳序列；对上述序列进行一阶差分后，ADF 检验显示 $\Delta \ln SW$、$\Delta \ln SFDI$、$\Delta \ln SGDP$、$\Delta \ln SE$ 都至少在 5% 的显著性水平下拒绝序列存在单位根的原假设，表明四个序列经过一阶差分后都变为平稳序列，因此上述四个序列都为一阶单整序列 I(1)，符合进一步进行协整分析的前提。

（三）协整分析

运用 Johansen 基于向量自回归模型回归系数检验的协整检验方法对 $\ln SW$、$\ln SFDI$、$\ln SGDP$、$\ln SE$ 四个变量之间是否存在长期稳定的协整关系进行分析，结果如表 5-5 所示：

表 5-5 协整检验

协整向量	协整向量数	特征根	最大特征值	5%临界值	p值
$\ln SW$、$\ln SFDI$、$\ln SGDP$、$\ln SE$	无	0.970942	74.30759	24.15921	0.0000
$\ln SW$、$\ln SFDI$、$\ln SGDP$、$\ln SE$	至多一个	0.763098	30.24231	17.7973	0.0004

续表

协整向量	协整向量数	特征根	最大特征值	5%临界值	p值
lnSW、ln$SFDI$、ln$SGDP$、lnSE	至多两个	0.486154	13.98247	11.2248	0.016
lnSW、ln$SFDI$、ln$SGDP$、lnSE	至多三个	0.00527	0.110962	4.129906	0.784

由表 5-5 可以看出，在 5% 的显著性水平下，拒绝 lnSW、ln$SFDI$、ln$SGDP$、lnSE 四个变量不存在协整关系的原假设，表明 lnSW、ln$SFDI$、ln$SGDP$、lnSE 四个变量之间存在长期均衡的协整关系。标准化的协整方程为：

$$\ln SW_t = 0.035551\ln SFDI_t + 0.388376\ln SGDP_t + 0.835707\ln SE_t + e_t$$
$$t = (5.68816) \qquad (38.00157) \qquad (87.5086) \qquad (5-3)$$

为了进一步验证协整方程的准确性，对残差项 e_t 进行 ADF 单位根检验，得到残差序列的单位根检验结果（如表 5-6 所示）：

表 5-6　　　　　　　　残差 e_t 的单位根检验

变量	检验类型（CTP）	ADF 值	临界值（%）			整合阶数
			10	5	1	
e_t	(CN0)	-3.010576**	-2.635542	-2.991878	-3.73785	I(0)

由表 5-6 可以看出，协整方程的残差项 e_t 在 5% 的显著性水平下拒绝存在单位根的原假设，通过 ADF 单位根检验，表明其为平稳序列，验证了协整方程（5-3）的存在与准确性。

从协整方程的估计结果可以看出，广东服务业国际直接投资每增加 1 个百分点，将引起服务业职工实际年平均工资提升约 0.036 个百分点，说明广东服务业国际直接投资的流入增加服务业就业市场对熟练劳动力的相对需求，减少对非熟练劳动力的相对需求，从而引致服务业熟练劳动力实际工资水平的上升和非熟练劳动力实际工资水平的下降，同时，由于熟练劳动力实际工资水平上升的幅度大于非熟练劳动力实际工资水平下降的幅度，其作用结果是广东服务业国际直接投资对服务业职工的实际年工资水平产生正向效应。模型估计结果同时显示，广东服务业生产总值每增加1个百分点，将引致服务业实际工资水平约0.388个百分点的增长，表明提高广东服务业的经济增长水平，能够显著提高服务业业职工的实际工资水平，因此大力促进服务经济发展，对于提高劳动者的劳动报酬具有重大意义。此外，广东服务业就业人数每增加1个百分点，将引起服务业职工实际年平均工资上升约0.836个百分点。

二 基于各细分服务行业的分析

由于广东各服务行业的发展水平、市场规模以及对外开放程度等方面存在差异，导致服务业国际直接投资在广东各服务行业分布不均，服务业国际直接投资在各服务行业分别产生正向或者负向的工资效应，其结果既有可能增加广东各服务行业的工资差距，也有可能促进各服务行业工资差距的缩小与收敛。本节建立计量模型，实证分析广东服务业国际直接投资对各服务行业工资差距的影响。

（一）模型的设定与构建

从理论上来说，由于服务业涵盖的范围广大，既包括批发和零售业、住宿和餐饮业等劳动密集型服务行业，也包括房地产业等资本密集型服务行业，还包括金融业，信息传输、计算机服务和软件业等知识密集型服务行业，正是由于各服务行业存在较大的差异，可以预见不同服务行业利用国际直接投资对行业工资影响的方向和程度是不同的，这也意味着常系数面板数据模型在分析存在巨大异质性的各细分服务行业状况时存在一定局限性，可能会带来估计偏误。当数据生成过程显示不支持采用常系数面板数据模型，且理论分析表明解释变量对存在异质性的不同行业具有不同影响的时候,面板随机系数模型能够得出较为准确的估计结果,采用面板随机系数模型(Random-coefficients regression model)是比较恰当的(陈望远等,2012)。

为了进一步确认面板数据模型的设定形式,本书采用常用的协方差分析进行检验(高铁梅,2006)。检验的两个原假设分别是

H1:面板数据模型中各细分服务行业斜率系数相同。

H2:面板数据模型中各细分服务行业斜率系数相同,截距相同。

检验所采用的两个 F 统计量分别是:

$$F_2 = \frac{(S_3 - S_1) / [(N-1)(k+1)]}{S_1 / (NT - N(k+1))} \sim F[(N-1)(k+1), N(T-k-1)]$$

$$F_1 = \frac{(S_2 - S_1) / [(N-1)k]}{S_1 / (NT - N(k+1))} \sim F[(N-1)k, N(T-k-1)]$$

式中,S_1 表示回归系数不同的面板模型残差平方和,S_2 表示斜率系数相同的常系数面板数据模型残差平方和,S_3 表示混合回归模型残差平方和,N 代表服务行业数,k 代表解释变量数目,T 代表时间长度。

如果计算得到的 F_2 小于给定显著性水平下的临界值,则接受假设 H2,采用各细分服务行业斜率与截距都相同的混合回归模型。反之,如果计算得到的 F_2 大于给定显著性水平下的临界值,则拒绝假设 H2,此时继续检验假设 H1;若计算得到的 F_1 小于给定显著水平下的临界值,则接受假设 H1;反之,若计算得到的 F_1 大于给定显著性水平下的临界值,则拒绝假设 H1,此时应该采用回归系数不同的面板数据模型进行拟合。本书计算得到的两个 F 统计量都在 5% 的显著性水平下拒绝原假设,验证了各服务行业解释变量系数不同的理论判断,所以应该采用回归系数不同的面板随机系数模型进行分析,以反映各变量对具有异质性的细分服务行业的不同影响。

本书利用 Swamy(1970)的面板随机系数模型,实证分析服务业国际

直接投资对广东 13 个服务行业工资差距的影响。选取的 13 个服务行业分别是交通运输、仓储和邮政业，信息传输、计算机服务和软件业，批发和零售业，住宿和餐饮业，金融业，房地产业，租赁和商务服务业，科学研究、技术服务和地质勘查业，水利、环境和公共设施管理业，居民服务和其他服务业，教育，卫生、社会保障和社会福利业，文化、体育和娱乐业。综合考虑数据的可获得性以及经济学理论，构建的实证计量模型为：

$$\ln SW_{it} = \alpha_i \ln SFDI_{it} + \beta_i \ln SGDP_{it} + \gamma_i \ln SE_{it} + e_{it}$$
$$i = 1, 2, 3, \cdots, 13; \ t = 2005, 2006, \cdots, 2010 \quad (5-4)$$

其中，$\ln SW_{it}$、$\ln SFDI_{it}$、$\ln SGDP_{it}$、$\ln SE_{it}$ 分别表示广东上述 13 个服务行业的职工年平均工资、实际利用国际直接投资额、行业增加值以及从业人员年末数的自然对数值。上述所有变量都经价格调整化为实际数，数据具体处理方式同上小节所述。

（二）模型估计结果

利用广义最小二乘法（GLS）对上述面板随机系数模型进行估计，如表 5-7 所示：

表 5-7 　　　　　　　　面板随机系数模型估计结果

	$\ln SFDI_{it}$	$\ln SGDP_{it}$	$\ln SE_{it}$
交通运输、仓储和邮政业	0.198216 ** (2.39)	0.203226 (0.68)	1.173313 ** (2.47)
信息传输、计算机服务和软件业	0.562355 *** (4.04)	0.438293 (1.06)	0.291023 (0.38)
批发和零售业	-0.09175 *** (-3.22)	0.376938 *** (2.8)	1.143605 *** (11.95)
住宿和餐饮业	-0.07277 ** (-1.97)	-0.43456 *** (-4.34)	2.171778 *** (15.34)
金融业	0.109657 (0.92)	0.13579 (0.34)	2.212259 *** (2.71)

续表

	$\ln SFDI_{it}$	$\ln SGDP_{it}$	$\ln SE_{it}$
房地产业	0.228315** (2.24)	1.112181** (2.51)	-0.23222 (-0.29)
租赁和商务服务业	0.506388*** (6.48)	0.395602 (1.00)	0.177181 (0.38)
科学研究、技术服务和地质勘查业	0.639143*** (5.89)	1.328017*** (3.78)	-0.93871 (-1.5)
水利、环境和公共设施管理业	0.160464 (1.09)	0.220416 (0.53)	2.261116*** (2.92)
居民服务和其他服务业	0.071194** (2.47)	0.478605*** (5.16)	1.074912*** (9.29)
教育	0.017447 (0.48)	0.436558 (1.63)	1.368156*** (4.27)
卫生、社会保障和社会福利业	0.010508 (0.49)	-0.25356** (-2.04)	2.605697*** (17.94)
文化、体育和娱乐业	0.393911*** (2.66)	0.61576 (1.39)	0.980014 (1.17)

（三）估计结果解析

模型参数稳定性检验的结果为 chi2 = 51581.66，p 值为 0.0000，因此高度拒绝模型参数不变的原假设，即不同服务行业各变量的弹性系数是显著不同的，再次证明应该通过建立面板随机系数模型来反映这种差异。根据表 5-7 所示的估计结果，可以做以下几点分析：

首先，服务业国际直接投资对交通运输、仓储和邮政业，信息传输、计算机服务和软件业，房地产业，租赁和商务服务业，科学研究、技术服务和地质勘查业，居民服务和其他服务业，文化、体育和娱乐业 7 个服务行业职工的实际年平均工资具有显著的正向效应，其弹性系数分别为 0.198216、0.562355、0.228315、0.506388、0.639143、0.071194、0.393911，表明服务业国际直接投资引致上述行业熟练劳动力实际工资水平增加的幅度大于其引致的相应行业非熟练劳动力实际工资水平下降的幅度。值得注意的是，上述 7 个服务行业基本属于知识、资本或者技术密集型的生产者服务行业，其中科学研究、技术服务和地质勘查业，信息传输、计算机服务和软件业在广东 2005 年和 2010 年所有服务行业职工年平均工资中都位列前 3。国际直接投资的流入一方面促进了上述生产者服务业的竞争，在强大的竞争压力面前国内服务企业不断加强经营管理水平，从而有利于这些行业整体运营水平以及生产效率的提升；另一方面，国际直接投资所带来的示范效应也促使国内服务企业不断获得"干中学"的机会，从而增加国内生产者服务业的竞争力与竞争优势，促进这些服务行业的发展。毋庸置疑，服务业国际直接投资在促进生产者服务业繁荣、提升生产者服务业职工的实际工资水平上发挥了其积极作用。

其次，服务业国际直接投资对批发和零售业，住宿和餐饮业职工的实际年平均工资带来显著的负效应，其弹性系数分别为 -0.09175 和 -0.07277，表明服务业国际直接投资引致这两个行业非熟练劳动力实际工资水平下降的幅度大于熟练劳动力实际工资水平上升的幅度。同时，这两个服务行业在广东 2005 年和 2010 年所有服务行业的职工年平均工资排名中都处于倒数位次。显然，批发和零售业，住宿和餐饮业都属于传统的劳动密集型消费性服务行业，其技术门槛以及经营门槛都比较低，对劳动力的素质要求不高，通过廉价劳动力获取比较优势，市场竞争异常激烈。国际直接投资的流入进一步加剧了市场竞争程度，一些企业在竞争中破产倒闭，另一些企业即使在竞争中生存，也难以获得高额利润回报。为了减少投入和节约生产经营成本，企业大多倾向削减劳动力的工资。传统劳动密集型消费性服务行业这种仅仅依靠低廉劳动力投入获取竞争优势的先天不足，决定了其在服务业对外开放后更加举步维艰的地位与格局。可见，服务业国际直接投资对低端传统劳动密集型消费性服务行业的工资水平具有一定负向作用。

最后，实证结果显示服务业国际直接投资对金融业，水利、环境和公共设施管理业，教育，卫生、社会保障和社会福利业4个服务行业职工的实际年平均工资并未产生显著的影响，这4个行业国际直接投资的系数估计值都无法通过显著性检验，其原因主要是国内政策因素使得这4个服务行业吸收外资的数量一直处于低水平。2005年，金融业，水利、环境和公共设施管理业，教育，卫生、社会保障和社会福利业4个服务行业实际利用国际直接投资额分别为3533万美元、924万美元、165万美元和225万美元，分别只占当年广东服务业实际利用国际直接投资总额的1.37%、0.36%、0.06%和0.09%，在广东各服务行业实际利用国际直接投资数量上位居倒数位次；2010年，金融业，水利、环境和公共设施管理业，教育，卫生、社会保障和社会福利业4个服务行业实际利用国际直接投资额分别为6863万美元、2851万美元、17万美元和178万美元，分别只占当年广东服务业实际利用国际直接投资额的0.86%、0.36%、0.002%和0.02%。由于广东这4个服务行业利用外资水平较低，国际直接投资对这4个服务行业的工资效应无法得到显著体现。

综合以上分析，我们可以发现服务业国际直接投资提升了交通运输、仓储和邮政业，信息传输、计算机服务和软件业等知识、资本和技术密集型生产者服务业职工的实际工资水平，降低了批发和零售业，住宿和餐饮业等传统低端劳动密集型消费性服务行业职工的实际工资水平，表明服务业国际直接投资的流入并不利于广东各服务行业收入差距的缩小和收敛，反而进一步扩大了生产者服务业和消费性服务业的收入差距。

第三节 服务业国际直接投资的资本效应

一 基于服务业整体的分析

(一) 模型设定与变量选取

本节构建计量经济模型对服务业国际直接投资对服务业国内资本的影响进行实证研究。借鉴 Agosin 和 Mayer (2000) 的挤入挤出效应模型,本书建立的实证模型如下:

$$\ln SDI_t = C + \ln SFDI_t + \ln SGDP_t \qquad (5-5)$$

各变量的含义以及符号预期如下:

服务业国内投资 (SDI):利用广东第三产业投资额 (经过价格调整) 减去服务业实际利用国际直接投资额 (经过价格调整),得到剔除价格影响的第三产业国内投资的实际数,单位为亿元。

服务业国际直接投资 (SFDI):采用广东服务业历年实际利用国际直接投资额,单位为亿美元。运用美元对人民币年平均汇率将计价单位转为人民币,同时用广东居民消费价格指数 (1983 = 100) 进行平减,化为剔除物价影响的广东服务业实际利用国际直接投资的实际数。此变量是本书重点考察的内容,其符号反映了服务业国际直接投资对广东服务业国内投资的影响。

服务业生产总值 (SGDP):采用广东历年第三产业生产总值,单位为亿元,对其用广东居民消费价格指数 (1983 = 100) 进行平减,化为实际值。服务业生产总值的提高意味着服务业经济增长,对扩大服务业国内投资具有积极的影响,其预期符号为正。

(二) 单位根检验

采用 ADF 检验对上述序列进行单位根检验。根据经济意义以及数据轨迹图选择合适的检验类型,根据 SIC 准则选择恰当的滞后阶数,得到单位根检验的结果（如表 5-8 所示）：

表 5-8　　　　　　　　　　单位根检验

变量	检验类型（CTP）	ADF 值	临界值（%）			整合阶数
			10	5	1	
lnSDI	(CT3)	-2.76695	-3.26145	-3.64496	-4.4679	I(1)
ΔlnSDI	(CN0)	-3.88504***	-2.63875	-2.99806	-3.75295	I(0)
ln$SFDI$	(CN0)	-1.26832	-2.63554	-2.99188	-3.73785	I(1)
Δln$SFDI$	(NN0)	-3.08449***	-1.6085	-1.95641	-2.66936	I(0)
ln$SGDP$	(CT0)	-2.98585	-3.24308	-3.6122	-4.39431	I(1)
Δln$SGDP$	(CN0)	-4.05747***	-2.63875	-2.99806	-3.75295	I(0)

由表 5-8 可以看出，序列 lnSDI、ln$SFDI$、ln$SGDP$ 的水平值即使在 10% 的显著性水平下都无法拒绝序列存在单位根的原假设，表明上述序列的水平值都为非平稳序列；对上述序列进行一阶差分处理，ADF 检验显示 ΔlnSDI、Δln$SFDI$、Δln$SGDP$ 都在 1% 的显著性水平下拒绝序列存在单位根的原假设，表明上述所有序列经过一阶差分后都变为平稳序列，因此上述所有序列都为一阶单整序列 I(1)，符合进一步进行协整分析的前提条件。

（三）协整分析

运用 Johansen（1988）提出的基于向量自回归模型回归系数检验的协整检验方法对 lnSDI、ln$SFDI$、ln$SGDP$ 之间是否存在长期稳定的协整关系进行分析，结果如表 5-9 所示：

表 5-9　　　　　　　　　　协整检验

协整向量	协整向量数	特征根	最大特征值	5%临界值	p 值
lnSDI、lnSFDI、lnSGDP	无	0.755979	29.62056	21.13162	0.0025
lnSDI、lnSFDI、lnSGDP	至多一个	0.435125	11.99417	14.2646	0.1109

续表

协整向量	协整向量数	特征根	最大特征值	5%临界值	p值
lnSDI、lnSFDI、lnSGDP	至多两个	0.194488	4.541834	3.841466	0.0331

由表 5-9 可以看出，在 5% 的显著性水平下，拒绝上述变量不存在协整关系的原假设，同时接受变量之间至多存在一个协整关系的原假设，表明上述变量之间存在长期稳定的协整关系。标准化的协整方程为：

$$\ln SDI = 0.414117 \ln SFDI + 0.63565 \ln SGDP + 0.25074 + e_t$$
$$t = (6.89535) \qquad (12.5764) \qquad\qquad (5-6)$$

为了进一步验证上述协整方程的准确性，对方程的残差项 e_t 进行 ADF 单位根检验，检验类型选择没有截距项、没有趋势项，得到残差序列的单位根检验结果如表 5-10 所示：

表 5-10　　　　　　　　　残差的单位根检验

变量	检验类型（CTP）	ADF 值	临界值（%）			整合阶数
			10	5	1	
e_t	(NN3)	-2.412494**	-1.60783	-1.958088	-2.67974	I(0)

由表 5-10 可以看出，协整方程的残差项 e_t 在 5% 的显著性水平下拒绝存在单位根的原假设，通过 ADF 单位根检验，表明 e_t 是平稳序列，验证了协整方程的存在与准确性。

由协整方程可以看出，服务业国际直接投资显著促进服务业国内资本的形成，对服务业国内资本具有挤入效应，服务业利用国际直接投资每增加 1%，将引致服务业国内投资增长约 0.414%。随着服务业对外开放广度和深度的加大，越来越多现代服务业国际直接投资进入新的服务领域，开拓了新的服务增长点，国内企业随后跟进投资，促进服务业国内资本的形成。服务业经济增长对服务业国内资本形成同样具有显著促进作用，服务业经济每增加1个百分点，将导致服务业国内资本获得约0.636个百分点的增长。服务业经济的发展扩大了服务业市场规模，增加了居民对服务产品的需求和企业盈利空间，激发国内资本增加对服务业投资，并引导其他行业资本流入服务业。

（四）脉冲响应函数分析

借助基于上述三个变量所建立的VAR（5）模型，得到服务业国内投资对服务业国际直接投资的脉冲响应函数轨迹图（如图5-2所示），图中横轴代表脉冲响应期数，纵轴代表 lnSDI 对 ln$SFDI$ 的脉冲响应，虚线代表正负两倍标准差带。

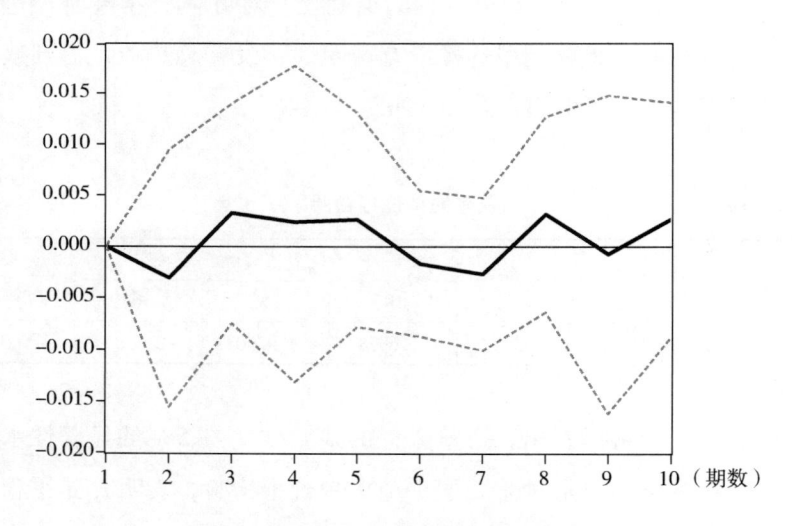

图5-2　LnSDI 对 ln$SFDI$ 的脉冲响应示意

由图5-2可以看出，服务业国内投资对服务业国际直接投资一个标准差新息的冲击在前2年显示出负效应，表明服务业国际直接投资的进入在初始阶段对服务业国内资本形成具有挤出作用。众所周知，在服务业外商投资企业进入的初期，内资服务企业在服务产品、服务水平等方面与服务业外商投资企业存在较大的差距，服务业外商投资企业的进入会给内资服务企业带来冲击,一些内资服务企业在激烈的市场竞争中被迫退出市场,服务业国际直接投资此时对服务业国内资本形成挤出效应。但是经过前两年以后,内资服务企业在与服务业外商投资企业的竞争中技术水平不断提高,并且,随着时间的推移,服务业外商投资企业也会更加熟悉国内市场环境,内外资服务企业的良性互动逐渐形成,同时服务业国际直接投资的进入也会开拓服务业新的市场领域与增长点,带动国内资本的跟进投资,此时服务业国际直接投资的进入对服务业国内资本更多地表现为挤入效应,服务业国际直接投资促进服务业国内资本的形成。

二 基于各细分服务行业的分析

由于各细分服务行业在行业特征、发展水平、行业基础等方面存在较大差异,流入不同服务行业的国际直接投资对各服务行业资本效应的效果应该是不同的,一些服务行业的国际直接投资可能对国内资本具有挤入效应,一些服务行业的国际直接投资可能对国内资本具有挤出效应,还有一些服务行业的国际直接投资可能对国内资本形成没有产生显著的影响。本节建立计量模型,实证考察流入不同服务行业的国际直接投资对不同服务行业资本效应的差异。

(一)模型构建与变量选取

本书计算得到的两个 F 统计量都在 5% 的显著性水平下拒绝原假设,表明应该采用回归系数不同的面板随机系数模型对各细分服务行业利用国际直接投资的资本效应进行分析,以反映各变量对具有异质性的细分服务行业的不同影响。

本节构建的面板数据计量模型为:

$$\ln SDI_{it} = \alpha_i \ln SFDI_{it} + \beta_i \ln SGDP_{it} + e_{it} \quad (5-7)$$

其中,$i = 1, 2, 3, \cdots, 13$,$t = 2004, 2005, \cdots, 2010$;$\ln SDI_{it}$、

$\ln SFDI_{it}$、$\ln SGDP_{it}$ 分别表示各细分服务行业的国内投资额、行业实际利用国际直接投资额以及行业生产总值。上述所有变量都经价格调整化为实际量,数据处理方法如下。

服务业国内投资(SDI_{it}):采用广东各服务行业固定资产投资额(经过价格调整后的实际量)减去各服务行业实际利用国际直接投资额(经过价格调整后的实际量),得到剔除价格影响的各细分服务行业国内投资的实际量。《广东统计年鉴》从 2009 年才开始统计各服务行业固定资产投资额,本章各服务行业固定资产投资额分时间段获取方式说明如下:2009 年与 2010 年直接取自《广东统计年鉴》中各服务行业固定资产投资额;鉴于 2009 年之前《广东统计年鉴》并未直接统计各服务行业固定资产投资数据,本章与杨向阳、徐翔(2006),原毅军、刘浩、白楠(2009)一样,采用各服务行业基本建设投资以及更新改造投资额合计代替各服务行业固定资产投资(将房地产开发投资归入房地产业中,即房地产业固定资产投资为房地产业基本建设投资、更新改造投资以及房地产开发投资之和)

服务业国际直接投资($SFDI_{it}$):采用广东各服务行业实际利用国际直接投资额,单位为亿美元。运用美元对人民币年平均汇率将计价单位转为人民币,同时用价格指数进行平减,化为广东各服务行业利用国际直接投资的实际量。

服务业生产总值($SGDP_{it}$):采用广东历年各服务行业增加值,并经价格指数平减后化为剔除物价影响的实际值,单位为亿元。值得说明的是,由于《广东统计年鉴》中一些服务行业的增加值存在缺漏,本书采用该行业消除价格因素后的相邻前后两年的实际增加值的算术平均值进行补全。

(二)模型估计结果

利用广义最小二乘法(GLS)对上述面板数据模型进行估计,得到模型的估计结果如表 5-11 所示:

表5-11　　服务业各细分行业利用国际直接投资的资本效应

	$\ln SFDI_{it}$	$\ln SGDP_{it}$
交通运输、仓储和邮政业	-0.06877 (-0.21)	1.077442* (1.7)
信息传输、计算机服务和软件业	0.429265*** (2.94)	-0.11892 (-0.41)
批发和零售业	0.338579* (1.9)	-0.17358 (-0.55)
住宿和餐饮业	-0.94517*** (-4.05)	2.483383*** (5.24)
金融业	-0.2626 (-1.59)	0.563183** (2.28)
房地产业	-0.17057 (-0.61)	1.39724** (2.39)
租赁和商务服务业	-2.72907*** (-7.41)	6.125644*** (7.75)
科学研究、技术服务和地质勘查业	-1.69745*** (-6.19)	4.627011*** (6.66)
水利、环境和公共设施管理业	0.15192 (0.63)	1.101471* (1.95)
居民服务和其他服务业	-0.40692*** (-3.78)	0.926967*** (4.29)
教育	0.018235 (0.3)	0.72611*** (12.25)
卫生、社会保障和社会福利业	-0.15153 (-1.47)	0.821588*** (5.63)
文化、体育和娱乐业	-0.52492*** (-3.87)	2.141546*** (6.26)

模型参数稳定性检验的结果为chi2 = 3082.41，p值为0.0000，因此高度拒绝模型参数不变的原假设，即不同服务行业各变量的弹性系数是显著不同的，应该建立面板随机系数模型来反映这种差异。模型

拟合效果良好，各项统计指标符合计量统计标准。从表 5-11 可以看出，流入不同服务行业的国际直接投资具有截然不同的资本效应。根据模型估计结果，对流入广东各服务行业的国际直接投资对不同服务行业国内资本的影响做以下分析：

首先，流入信息传输、计算机服务和软件业，批发和零售业的国际直接投资对上述服务行业的国内资本具有显著的挤入效应，其弹性系数分别为 0.429265 和 0.338579，表明流入上述服务行业的国际直接投资每增加 1 个百分点，引致以上服务行业的国内投资分别增长 0.429265 个、0.338579 个百分点。信息传输、计算机服务和软件业属于高新技术现代服务业，在外资进入之前，这一行业在国内属于朝阳产业，发展水平较低，大部分国内资本出于对产业前景的不确定以及经营风险的考虑，较少涉足此产业，同时，国内技术水平的不足也令众多国内投资者望而却步。服务业外商投资企业进入后，其经营和盈利模式对国内投资者产生示范效应，国内资本在外资的带动下也逐步涉足该产业，加大对该产业的投资力度。批发和零售业是传统消费性服务行业，内资企业在这一行业发展较为成熟，具备较高的服务产品质量与服务技术水平，实证结果表明，外资企业的进入并没有对内资企业形成冲击，相反，外资企业带来的先进经营管理理念促进了内资企业经营效率的改善，带动了国内投资的发展。

其次，流入住宿和餐饮业，租赁和商务服务业，科学研究、技术服务和地质勘查业，居民服务和其他服务业，文化、体育和娱乐业的国际直接投资对上述行业的国内资本具有一定的挤出效应。不难发现，上述服务行业市场竞争程度较高，服务业外商投资企业的进入进一步加剧了市场竞争的激烈态势。外资服务企业凭借较高的服务产品质量和服务技术水平，抢占内资服务企业的市场份额，对内资企业形成强大的冲击，部分内资服务企业在竞争中倒闭退出市场，其结果是服务业国际直接投资的进入对上述服务行业的国内资本形成挤出效应。

最后，流入交通运输、仓储和邮政业，金融业，房地产业，水利、环境和公共设施管理业，教育，卫生、社会保障和社会福利业的国际直接投资对上述服务行业的国内资本没有产生显著的影响。其中，流入金融业，水利、环境和公共设施管理业，教育，卫生、社会保障和社会福利业的国际直接投资数额较少，上述行业国际直接投资对国内资本的影响尚未有效发挥出来；而流入交通运输、仓储和邮政业，房地产业的国际直接投资数额虽然巨大，但是由于这两个行业属于传统服务业，在国内发展较为成熟，市场格局较为稳定，内资企业也具有较强的竞争实力，因此服务业外商投资企业的进入并没有对市场格局产生显著影响，其资本效应也表现为不显著。

第四节　本章小结

本章考察服务业国际直接投资对服务业要素积累的影响，具体包括服务业国际直接投资对服务业劳动力的影响和服务业国际直接投资对服务业国内资本的影响。

研究结论表明，服务业国际直接投资给广东服务业就业市场带来的总就业效应为微弱的负效应，服务业国际直接投资每增加1个百分点，服务业就业人数将减少0.04个百分点左右。通过广义脉冲响应函数进一步研究发现，广东服务业国际直接投资产生负的短期就业效应和正的长期就业效应。服务业国际直接投资带来负的短期就业效应，其原因除了近年来国际资本跨国并购以及外商独资化趋势越来越明显，从而对外资流入地的短期就业产生一定消极影响外，更重要的原因是当前广东内资服务企业的竞争力仍然较弱，在与服务业外商投资企业激烈的市场竞争中处于劣势，服务业外商投资企业挤出国内服务业投资，短期内游离出失业人口。服务业国际直接投资带来正的长期就业效应，其原因是服务业国际直接投资能够分别通过产业关联效应、结构调整效应和技术变迁效应对广东服务业的长期就业市场产生影响，虽然单从上述某一效应孤立地看，其对广东服务业长期就业市场的作用方向可能是不确定的，但是由于三种效应的综合效应为正，因此长期来说，服务业国际直接投资能够增加广东服务业就业岗位和就业人数。

从整体层面看，服务业国际直接投资对广东服务业职工实际工资水平具有微弱的正效应，其原因主要在于服务业国际直接投资引致的服务业熟练劳动力实际工资水平上升幅度大于服务业国际直接投资引致的非熟练劳动力实际工资水平下降的幅度；从行业层面看，鉴于服务业国际直接投资在广东各服务行业分布不均，服务业国际直接投资工资效应在各服务行业之间存在差异性与不平衡性，而各服务行业自身行业特征的异质性则进一步扩大了服务业国际直接投资行业间工资效应的差异化。具体来说，服务业国际直接投资提升了广东生产者服务业职工的实际工资水平，降低了广东传统消费性服务业职工的实际工资水平。

从整体层面看，服务业国际直接投资显著促进服务业国内资本的形成，对服务业国内资本具有挤入效应，表明随着服务业对外开放广度和深度的加大，越来越多现代服务业国际直接投资进入新的服务领域，开拓了新的服务增长点，国内企业随后跟进投资，促进服务业国内资本的形成。从行业层面看，流入不同服务行业的国际直接投资对不同的服务行业国内资本具有不同影响。具体来说，流入信息传输、计算机服务和软件业，批发和零售业的国际直接投资对上述服务行业的国内资本具有显著的挤入效应；流入住宿和餐饮业，租赁和商务服务业，科学研究、技术服务和地质勘查业，居民服务和其他服务业，文化、体育和娱乐业的国际直接投资对上述行业的国内资本具有一定的挤出效应；而流入交通运输、仓储和邮政业，金融业，房地产业，水利、环境和公共设施管理业，教育，卫生、社会保障和社会福利业的国际直接投资对上述服务行业的国内资本没有产生显著的影响。

第六章　拓展研究：服务业国际直接投资与服务业结构升级

本章在剖析服务业国际直接投资影响服务业内部结构作用机理的基础上，建立计量经济模型，从服务业内部产值结构和内部就业结构两个维度，考察服务业国际直接投资对服务业结构变动的影响。

第一节　服务业国际直接投资影响服务业内部结构的作用机理

服务业国际直接投资作为一种优质资本，不仅弥补了东道国在服务业发展过程中的资金欠缺，伴随服务业国际直接投资流入东道国的还有先进的生产技术、营销理念以及经营管理方法等"一揽子"生产要素。服务业国际直接投资能够对东道国服务业发展以及服务业内部结构变化产生深远的影响。理论上，服务业国际直接投资的结构效应包括广义和狭义两部分。广义的服务业国际直接投资结构效应是指服务业国际直接投资的流入对东道国三大产业结构比例变化产生的影响，而狭义的服务业国际直接投资结构效应是指蕴涵先进生产技术与管理技能的服务业国际直接投资对东道国服务业内部结构产生影响与作用的过程。本书所探讨的服务业国际直接投资的结构效应特指狭义的结构效应，重点关注服务业国际直接投资对服务业内部结构比例的影响。将服务业内部各细分服务行业分为传统服务业和现代服务业两部分，其中传统服务行业是指为居民日常生产和生活提供各种服务的行业，一般具有劳动力密集、产出附加值较低等特征，例如交通运输、仓储及邮政业，批发和零售业，住宿和餐饮业等服务行业；而现代服务业则是指为了适应现代化生产和生活方式应运而生的各种服务行业，一般具有知识要素密集、产出服务价值高、资源消耗少、环境污染低的特征，例如金融业，计算机软件与信息服务业等行业。如果服务业国际直接投资促进了现代服务业比例的提升，则表明服务业国际直接投资有利于东道国服务业内部结构的优化，是东道国实现服务业结构高级化与高附加值化的助推器；如果服务业国际直接投资的进入并没有促进东道国现代服务业比例的提升，甚至造成东道国现代服务业比重的降低，则表明服务业国际直接投资并没有发挥出结构优化效应。服务业国际直接投资的行业流向与分布结构是决定服务业国际直接投资结构效应的主要因素。现代服务业为主体的服务业国际直接投资行业分布结构有利于加快推进东道国现代服务业的发展，促进现代服务业比重的提升以及服务业内部结构的优化升级。传统服务业为主体的服务业国际直接投资行业分布结构则更有利于传统服务业的发展壮大，对现代服务业的推动作用不明显，此时服务业国际直接投资结构效应的效果体现为倾向于增加东道国传统服务业的比重。服务业国际直接投资的结构效应一般可以从产值结构和就业结构两方面来衡量。具体来说，服务业国际直接投资主要通过资本补缺效应（崔日明、张志明；2012）、知识外溢效应（陈继勇、盛杨怿；2009）以及收入需求效应对服务业内部结构产生影响。

一 资本补缺效应

发展中国家在经济发展过程中普遍存在资金缺口和储蓄缺口，国内资本积累能力不足严重制约着发展中国家经济结构的优化与升级；同时，大多数发展中国家仍处于工业化时期，国内大量资金都流向第二产业，服务业发展普遍受到轻视，服务业发展所需要的资金较为匮乏。服务业国际直接投资的进入可以有效弥补发展中国家在服务业发展过程中面临的资金缺口、促进服务业经济增长以及服务业内部各服务行业比重的变化。在中国加入世界贸易组织之前，广东制定了较为严格的服务业市场准入机制，对外资进入服务业的种类与规模都施加了严格的限制，以维护政治经济安全，保护本土服务企业的市场利益。在政策约束下，国际直接投资在加入世界贸易组织前主要流入交通运输、仓储和邮电通信业，批发和零售贸易、餐饮业等传统服务部门，流入金融、保险业，科学研究和综合技术服务业等现代服务部门的外资比例较小。以2001年为例，当年流入广东传统服务业的国际直接投资占服务业国际直接投资总量的55%左右，这种以传统服务业为主体的服务业国际直接投资行业结构有效地弥补了广东传统服务业发展过程中的资金缺口，对传统服务业的发展具有积极作用，对现代服务业发展的作用则不明显，服务业国际直接投资的结构升级效应也相应地大打折扣。随着中国加入世界贸易组织，作为改革开放前沿阵地的广东加大了服务业对外开放的力度、深度和广度，服务贸易与投资开放度大大提高，服务业投资准入门槛的降低使得越来越多的国外资本开始流入现代服务业，流入传统服务业的外资比重开始呈下降趋势。以2010年为例，当年流入广东现代服务业的国际直接投资占服务业国际直接投资总量的57%，这种以现代服务业为主体的服务业国际直接投资行业结构提供了现代服务业发展过程中所需的资金，促进了现代服务业的发展壮大，对服务业内部结构的优化与升级具有显著的积极作用。

二　知识外溢效应

内生增长理论指出，知识外溢所引起的技术进步可以导致不同行业增长率的差异。由于不同服务行业在行业规模、市场结构、发展历程、生产特征及技术水平等方面存在差别，导致各服务行业吸收知识外溢的能力存在较大的异质性，这就进一步加剧了不同服务行业增长速度的差异，引起服务业内部结构的变动。有别于国内资本，服务业国际直接投资是蕴涵先进生产技术与管理经验的优质资本，服务业国际直接投资能够成为东道国服务企业强大的知识外溢源泉。服务业国际直接投资进入东道国以后，其高效与成功的经营模式成为东道国服务企业竞相效仿与学习的典范。同时，由于服务产品具有不可储存性以及生产消费同时性的特殊属性，使得服务业外商投资企业在进行服务产品交易的过程中很难对知识和技术进行有效保密，东道国服务企业较易获取服务业外商投资企业的知识诀窍与管理技能，并为自身所用。

服务业国际直接投资的知识外溢效应促进了东道国服务业的技术改造与技术进步，进而对服务业内部结构产生深远的影响：首先，服务业国际直接投资的知识外溢将推动传统服务业技术改造的进程。服务业国际直接投资产生的知识溢出将使传统服务业用新的生产工艺、新的生产设备、新的生产技术取代旧的生产工艺、旧的生产设备与旧的生产技术，促使传统服务业逐渐形成新的技术基础。其次，服务业国际直接投资的知识外溢将推动现代服务业技术进步的进程。技术进步引起的生产专业化将进一步深化社会分工，不断催生出适合经济社会发展形势与要求的新形态服务业；同时，现代服务业的技术进步将使服务产品的生产手段更为先进，生产过程更为优化。再次，服务业国际直接投资的知识外溢将推动服务业内部结构比例的改变。由于各个服务行业的技术基础、知识吸收能力以及技术升级潜力存在巨大的异质性，不同服务行业国际直接投资的知识溢出效果是不一样的。不同服务行业外资知识溢出效果的不平衡导致行业间知识更新速度步调不一，有的服务行业知识更新速度较快、技术进步明显，有的服务行业知识更新速度较慢、技术进步缓慢。由于知识与科技革新应运而生的现代服务业，一般呈现知识和技术密集的特征，具有较高的劳动生产率，能够迅速发展壮大；而传统服务业一般呈现劳动密集的特征，劳动生产率较低，技术升级空间有限，发展较为缓慢。服务业内部结构比例关系在服务业国际直接投资知识溢出效应非平衡性的作用下也将发生相应的改变。

三 收入需求效应

服务业需求结构是形成服务业内部结构关系的基础，服务业需求水平和需求结构的变化必然影响服务业内部结构的变化。传统服务业为主导的服务业需求结构将加大对传统服务业的消费需求，引导各种生产要素流向传统服务业，促进传统服务业的繁荣，形成以传统服务业为主导的服务业内部结构。现代服务业为主导的服务业需求结构将增加对现代服务业的消费需求，引导各类生产要素流向现代服务业，有利于促进现代服务业的发展以及现代服务业为主导的服务业内部结构的形成。根据绝对收入理论，决定消费的最重要因素是收入水平。因此，服务业国际直接投资收入需求效应的作用路径为服务业国际直接投资的流入能够促进东道国服务业经济增长，服务业经济增长通过产业关联效应促进东道国第一产业和第二产业经济增长，人民生活水平和收入水平得到提高，服务产品消费水平和消费层次得到提升，导致服务业需求以及消费结构的变动，服务产品需求的变动通过市场信号传递给各类生产要素，引起各种生产要素向市场需求水平高的服务行业集中，促进这些服务行业得到较快的发展，最终导致服务业内部结构的相应变动。

根据恩格斯划分，消费需求一般分为生存资料的消费需求、发展资料的消费需求以及享受资料的消费需求（恩格斯，1965）。从服务业的角度来看，生存资料的消费需求一般对应于居民对住宿、餐饮等传统服务的需求；而发展资料和享受资料的消费需求一般对应于居民对教育、培训、娱乐、金融、通信等现代服务的需求。服务业国际直接投资引起的收入水平提升将使居民由生存资料型服务消费为主体逐渐转向发展和享受资料型服务消费为主体，衍生出一大批为满足人民提升生活质量要求的现代服务业。可见，服务业国际直接投资的收入需求效应是促进服务业内部结构不断优化与升级的重要因素。

第二节 服务业国际直接投资对服务业内部产值结构的影响

一 变量选取与模型构建

本节构建计量经济模型，实证分析广东服务业国际直接投资的技术效应。在借鉴已有相关文献（陈凯，2006；杜传忠、郭树龙，2011；聂爱云、陆长平，2012）的基础上，根据数据可获得性以及传统经济学理论，影响服务业内部结构的因素除了本书重点关注的服务业国际直接投资以外，还包括经济因素、供给因素、需求因素、政府因素。本节建立的时间序列模型如下：

$$\ln Modern_t = C + \alpha \ln SFDI_t + \beta \ln SGDP_t + \gamma \ln Humancapital_t + \\ \delta \ln Gov_t + \phi \ln Demand_t + e_t \quad (6-1)$$

各变量的含义以及数据处理过程解释如下：

被解释变量：

现代服务业生产总值占服务业生产总值的比重（Modern）：本书将服务业分为现代服务业和传统服务业两部分，采用现代服务业生产总值占服务业生产总值的比例反映广东服务业内部产值结构升级的状况。如果现代服务业生产总值占服务业生产总值的比重上升，说明服务业内部产值结构不断优化和升级；如果现代服务业生产总值占服务业生产总值的比重下降，说明服务业内部并没有实现结构升级，反而出现恶化。由于广东从 2003 年开始采用新的服务行业分类标准，并且现代服务业和传统服务业并没有统一的划分依据，参考已有相关文献（陈莉，2010），结合广东服务业分类实际，本书将旧分类标准中的地质勘查、水利管理业，金融保险业，房地产业，社会服务业，卫生、体育社会福利事业，教育，文化艺术和广播电影电视业，科学研究和综合技术服务业归为现代服务业范畴；将新分类标准中信息传输、计算机服务和软件业，金融业，房地产业，租赁和商务服务业，科学研究、技术服务和地质勘查业，水利、环境和公共设施管理业，居民服务和其他服务业，教育，卫生、社会保障和社会福利业，文化、体育和娱乐业归为现代服务业范畴。

解释变量：

服务业国际直接投资（SFDI）：采用广东服务业历年实际利用国际直接投资额，单位为亿美元。运用美元对人民币年平均汇率将计价单位转为人民币，同时用广东居民消费价格指数（1983 = 100）进行平减，化为剔除物价影响的广东服务业实际利用国际直接投资的金额。

服务业经济规模（SGDP）：反映经济因素对服务业内部产值结构的影响。采用广东服务业历年生产总值作为衡量服务业经济规模的指标，并用居民消费价格指数（1983 = 100）进行物价平减，化为剔除物价影响的实际值。由于服务业经济规模由传统服务业规模和现代服务业规模两部分构成，如果服务业经济规模增长主要是由传统服务业拉动，则服务业经济规模的扩张并不能促进现代服务业比重的提高；相反，如果服务业经济规模增长主要是由现代服务业拉动，则服务业经济规模的扩张有利于现代服务业比重的提高。

人力资本水平（Humancapital）：反映供给因素对服务业内部产值结构的影响。采用广东普通高等学校在校大学生数作为衡量指标。众所周知，传统服务业基本上是劳动密集型服务业，传统服务业的发展主要依靠价格低廉的劳动力，对从业者的专业知识水平和综合技术能力没有过多要求；相反，现代服务业基本都是知识、资本以及技术密集型服务业，现代服务业的发展主要依靠具备专业技术以及一定综合素质的人才，因此人力资本水平对于现代服务业的发展具有举足轻重的作用。服务业内部产值结构的升级，需要高素质人才做支撑，预计人力资本水平对现代服务业比重的提升具有正向影响。

政府干预（Gov）：反映政府因素对服务业内部产值结构的影响。借鉴张诚、赵奇伟（2008）的研究，采用政府消费占最终消费的比重来衡量政府对经济的干预程度。如果政府消费占最终消费的比重越大，说明政府对经济的干预程度越大。现代服务业的发展离不开公平竞争的市场环境，现代服务企业在竞争中不断提高劳动生产率与自主创新能力，从而推动整个行业技术与效率的提升，促进服务业结构优化升级。政府的过度干预将打破企业之间按照市场规律进行公平竞争的格局，特别是一些行政保护性干预政策造就的垄断性市场格局将非常不利于体制外的现代服务企业发展以及整个行业效率的提升。可以预计，政府干预程度的提升将不利于现代服务业的发展以及现代服务业比重的提升。

需求水平（Demand）：反映需求因素对服务业内部产值结构的影响。本书采用城镇居民人均消费性支出代表居民需求水平。居民需求对服务业内部结构比例的影响具有不确定性。如果居民对服务的需求结构以传统服务为主体，则会促进传统服务业消费与利润的上升，各种生产要素将向传统服务业集聚，进而促进传统服务业的经济增长与比重上升；相反，如果居民对服务的需求结构以现代服务为主体，则会促进现代服务业消费与利润的提升，生产要素也将向现代服务业集聚，从而促进现代服务业的经济增长与比重上升。

二　单位根检验

为了防止对时间序列数据直接进行回归可能产生的"伪回归"

问题,首先需要对数据进行单位根检验,以确定数据的平稳性。采用 ADF 检验对上述变量进行单位根检验,根据经济含义以及数据轨迹图选择合适的 ADF 单位根检验类型,根据 SIC 准则选择恰当的滞后阶数,得到单位根检验的结果(如表 6 – 1 所示):

表 6 – 1 　　　　　　　　　　单位根检验

变量	检验类型 (CTP)	ADF 值	临界值(%)			整合阶数
			10	5	1	
ln$Modern$	(CN0)	-2.39654	-2.63554	-2.99188	-3.73785	I(1)
Δln$Modern$	(NN0)	-6.21316***	-1.6085	-1.95641	-2.66936	I(0)
ln$SFDI$	(CN0)	-1.26832	-2.63554	-2.99188	-3.73785	I(1)
Δln$SFDI$	(NN0)	-3.08449***	-1.6085	-1.95641	-2.66936	I(0)
ln$SGDP$	(CT0)	-2.98585	-3.24308	-3.6122	-4.39431	I(1)
Δln$SGDP$	(CN0)	-4.05747***	-2.63875	-2.99806	-3.75295	I(0)
ln$Humancapital$	(CT2)	-2.95211	-3.25467	-3.6329	-4.44074	I(1)
Δln$Humancapital$	(CN1)	-2.68753*	-2.64224	-3.00486	-3.7696	I(0)
lnGov	(CN0)	-1.05918	-2.63554	-2.99188	-3.73785	I(1)
ΔlnGov	(NN0)	-4.51726***	-1.6085	-1.95641	-2.66936	I(0)
ln$Demand$	(CT1)	-2.04083	-3.24859	-3.62203	-4.41635	I(1)
Δln$Demand$	(CN0)	-2.53811*	-2.63875	-2.99806	-3.75295	I(0)

注:1. Δ 表示对序列进行一阶差分;2. 检验类型中 C 表示含有截距项,T 表示含有趋势项,P 表示滞后阶数,N 表示不包含常数项(趋势项);3. *表示在10%的显著性水平下通过检验,**表示在5%的显著性水平下通过检验,***表示在1%的显著性水平下通过检验。下同。

由表 6 – 1 可以看出,序列 ln$Modern$、ln$SFDI$、ln$SGDP$、ln$Humancapital$、lnGov、ln$Demand$ 的水平值即使在 10% 的显著性水平下都无法拒绝序列存在单位根的原假设,表明上述序列的水平值都为非平稳序列;对上述序列进行一阶差分处理,ADF 检验显示 Δln$Modern$、Δln$SFDI$、Δln$SGDP$、Δln$Humancapital$、ΔlnGov、Δln$Demand$ 都至少在 10% 的显著性水平下拒绝序列存在单位根的原假设,表明上述所有序列经过一阶差分后都变为平稳序列，因此上述所有序列都为一阶单整序列 I (1)，符合进一步进行协整分析的前提条件。

三　协整分析

运用 Johansen（1988）提出的基于向量自回归模型回归系数检验的协整检验方法对 ln*Modern*、ln*SFDI*、ln*SGDP*、ln*Humancapital*、ln*Gov*、ln*Demand* 之间是否存在长期稳定的协整关系进行分析，结果如表 6-2 所示：

表 6-2　　　　　　　　　协整检验

协整向量	协整向量数	特征根	最大特征值	5%临界值	p值
ln*Modern*、ln*SFDI*、ln*SGDP*、ln*Humancapital*、ln*Gov*、ln*Demand*	无	0.92903	60.84659	40.07757	0.0001
ln*Modern*、ln*SFDI*、ln*SGDP*、ln*Humancapital*、ln*Gov*、ln*Demand*	至多一个	0.751752	32.04656	33.87687	0.0813

由表 6-2 可以看出，在 5% 的显著性水平下，拒绝上述变量不存在协整关系的原假设，同时接受变量之间至多存在一个协整关系的原假设，表明上述变量之间存在长期稳定的协整关系。标准化的协整方程为：

$$\ln Modern = 0.078004 \ln SFDI + 0.48926 \ln SGDP + 0.060808 \ln Humancapital$$
$$t = (2.19125) \qquad (3.22035) \qquad (0.67931)$$
$$- 0.397331 \ln Gov - 0.536945 \ln Demand + 5.856325 + e_t$$
$$(-3.70809) \qquad (-6.67087) \qquad\qquad (6-2)$$

为了进一步验证上述协整方程的准确性，对方程的残差项 e_t 进行 ADF 单位根检验，检验类型选择没有截距项、没有趋势项，得到残差序列的单位根检验结果（如表 6-3 所示）：

表 6 – 3　　　　　　　　　残差的单位根检验

变量	检验类型（CTP）	ADF 值	临界值（%）			整合阶数
			10	5	1	
e_t	（NN0）	-1.724087 *	-1.608793	-1.955681	-2.66485	I（0）

由表 6 – 3 可以看出，协整方程的残差项 e_t 在 10% 的显著性水平下拒绝存在单位根的原假设，通过 ADF 单位根检验，表明 e_t 是平稳序列，验证了协整方程的存在与准确性。

由协整方程可以看出，服务业国际直接投资显著促进了广东服务业内部产值结构的改善，服务业利用国际直接投资每增加 1 个百分点，将引致现代服务业生产总值占服务业生产总值的比重增加约 0.078 个百分点，表明服务业外商直接投资的进入使现代服务业的增长速度大于传统服务业的增长速度，从而有利于服务业内部产值结构的优化与升级。服务业国际直接投资促进服务业产值结构优化主要是通过资本补缺效应、知识外溢效应和收入需求效应实现的。现代服务业大多属于高新技术服务行业，具有可观的发展前景与利润空间，但同时也承担研发成本较高、资本投入较大等风险，这些因素往往使得国内资本对现代服务业投入不足，服务业国际直接投资通过资本补缺效应，弥补了现代服务业资金的不足，促进了现代服务业的发展与产值比重的提升；现代服务业大多属于知识和技术密集型服务行业，其快速发展需依托先进的生产技术与服务技能，而这正是内资服务企业的劣势所在，服务业国际直接投资通过知识外溢效应，促进内资服务企业知识与技术的更新与进步，进而带动现代服务业整体技术水平的提升，推动现代服务业产值比重提升；此外，服务业国际直接投资的流入能够促进居民生活和收入水平的提升，增加居民对现代服务产品的消费需求，提升居民对服务产品的消费层次，逐渐形成以现代服务产品为主导的服务业需求以及消费结构，引导各种生产要素向现代服务业集中，促进现代服务业的发展和产值比重提升。

服务业经济规模对现代服务业内部产值结构的改善具有显著促进作用，服务业经济每增长1个百分点，广东现代服务业生产总值占服务业生产总值的比重将增加约0.489个百分点。服务业的经济规模增长催生出越来越多为现代化大生产提供配套服务的生产者服务业，同时服务业的经济规模增长也衍生出越来越多满足人民精神文化以及身心健康需求的新形态生活服务业。这些现代服务业的出现，一方面反映出服务经济不断向新形态、高附加值的趋势发展，另一方面也反映出随着经济的不断发展以及人民生活水平的不断提高，服务业内部产值结构在服务经济发展过程中根据外部环境的需求不断获得调整和优化升级。

人力资本水平对服务业内部产值结构的优化没有显著影响。协整方程显示，广东普通高等学校在校大学生数每增加1个百分点，现代服务业生产总值占服务业生产总值的比重将增加约0.06个百分点，但却没有通过显著性检验。这一结果似乎不符合前文的理论预期，究其原因，主要可能是因为当前普通高等学校在课程设置以及人才培养方面并没有针对现代服务业的素质与技能培训，普通高等学校重理论轻实践的教学模式使得学校教学与社会实际需求之间存在一定的脱节，高等学校在校大学生所掌握的理论知识并不一定能在实践中大显身手，使得以普通高等学校在校大学生数作为人力资本水平的衡量指标反映在服务业内部产值结构优化上并没有显著的影响。谭蓉娟、秦陇一(2009)针对珠三角的实证研究结论同样显示珠三角高校在服务业发展中的科技转化能力不强，自主创新能力尚待提高，各地区高校的人力资本存量并不能完全体现出当地的科技实力，也未能转化为真正的生产力。这一结果提示主管教育的相关部门在高校专业与课程设置以及人才培养方面可以更多地考虑现实经济需求，培养出更多符合现代服务业发展的人力资源，促进服务业的跨越式发展以及现代服务业产值比重的提升。

政府干预对现代服务业内部产值结构的优化具有显著负向影响。

政府干预程度每增加1个百分点,现代服务业生产总值占服务业生产总值的比重降低约0.397个百分点。现代服务业大多属于知识、技术以及资本密集型服务行业,这些服务业的发展离不开一个公平、公开、成熟以及竞争的市场环境,政府的过度干预将降低市场的运行与竞争效率,从而不利于现代服务企业等市场微观主体的健康发展。特别是政府对某些行业不正当的保护以及行政干预,将打破市场竞争平衡,非常不利于该行业的健康发展。现代服务业作为一种"契约密集型"行业,其发展对制度的依赖性较大。好的制度安排能够稳定现代服务企业发展预期,消除现代服务企业发展顾虑,迸发现代服务企业发展活力,进而推进整个行业向前发展。因此,政府在现代服务业发展过程中的主要作用应该是提供一个能够适应现代服务业发展要求的、有利于现代服务企业公平竞争的制度安排,而不是过多地干预现代服务业市场竞争,违背市场竞争规律。

需求水平对现代服务业内部产值结构的优化具有显著负向影响。协整方程显示,城镇居民人均消费性支出每增加1个百分点,现代服务业生产总值占服务业生产总值的比重下降约0.5369个百分点。需求引导生产,需求决定生产产品的种类和数量,需求是实现服务产品价值的前提,服务业的需求结构是影响服务业内部产值(生产)结构的重要因素。以传统服务业为主体的需求结构有利于传统服务业占主导的产值结构的形成,以现代服务业为主体的需求结构有利于现代服务业占主导的产值结构的形成。研究结论表明,当前居民对服务业的需求结构仍然以传统服务为主,因此伴随着居民需求水平的提升,传统服务业的消费水平获得提升,促进传统服务业的生产与发展,从而降低现代服务业的产值比重。毋庸置疑,随着广东经济的进一步发展以及人民生活水平的进一步提升,居民的服务需求结构将由当前以传统服务业为主向以现代服务业为主转变,届时,居民需求水平的提升将促进现代服务业的生产与发展,现代服务业生产总值占服务业生产总值的比重也将随着居民需求水平的增加而不断提升。

四 格兰杰因果关系检验

为了进一步确认服务业内部产值结构与服务业国际直接投资之间的因果关系，本书采用基于向量自回归模型的格兰杰因果关系检验方法对变量 ln$Modern$ 和 ln$SFDI$ 之间的因果关系进行实证检验，结果如表 6-4 所示：

表 6-4　　　　　　　　　格兰杰因果关系检验

因变量：ln$Modern$				因变量：ln$SFDI$			
Excluded	Chi-sq	df	p 值	Excluded	Chi-sq	df	p 值
ln$SFDI$	9.156985	2	0.0103	ln$Modern$	7.721654	2	0.0211

由表 6-4 可以看出，变量 ln$Modern$ 和 ln$SFDI$ 之间存在双向的格兰杰因果关系，其经济学含义是服务业国际直接投资是引起服务业内部产值结构变动的原因，对服务业内部产值结构的优化和升级具有积极的作用；同时，服务业内部产值结构改善也有利于吸引更多的服务业跨国公司进行直接投资活动。格兰杰因果关系检验的结论表明服务业国际直接投资与广东服务业内部产值结构升级之间存在良性的双向互动关系。

五 脉冲响应函数分析

协整关系反映的是变量之间存在的一种长期稳定均衡关系，为了进一步反映服务业国际直接投资与服务业内部产值结构之间在时序维度的动态相关关系，进而揭示服务业国际直接投资对广东服务业内部产值结构的动态影响，可以借助基于向量自回归模型（VAR Model）的脉冲响应函数。

本书基于上述变量所建立的 VAR（2）模型①，得到广东服务业内部产值结构对服务业国际直接投资的广义脉冲响应函数（如图 6-1 所示）。图中横轴代表脉冲响应的期数，纵轴代表 ln$Modern$ 对 ln$SFDI$ 一个标准差新息的广义脉冲响应，虚线代表正负两倍标准差带。

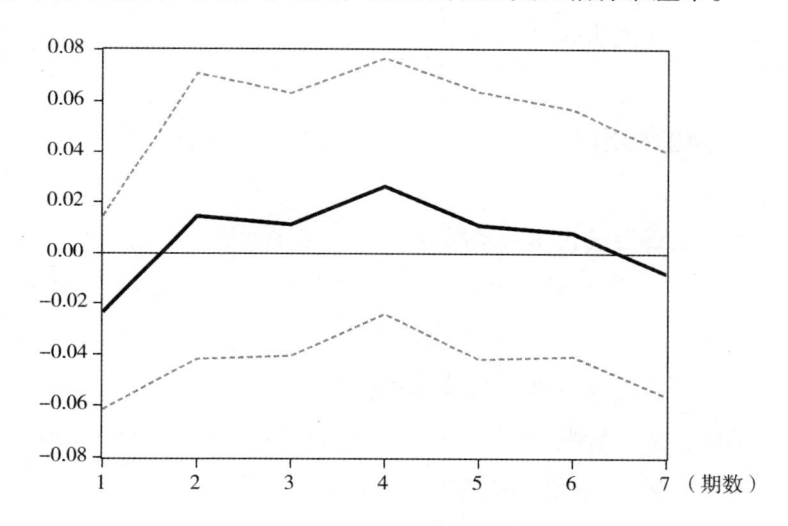

图 6-1　ln$Modern$ 对 ln$SFDI$ 一个标准差新息的广义脉冲响应

由图 6-1 可以看出，虽然在初始半年里服务业内部产值结构对服务业国际直接投资一个标准差新息的广义脉冲响应并没有立即显示出正响应，但半年后即转变为正响应，并且这种正响应基本上一直维持到最后。服务业国际直接投资具有较强的产值结构调整效应，并且这种产值结构调整效应在服务业国际直接投资进入后很快就显现出来。其经济学含义是服务业国际直接投资的进入促进了现代服务业比重的提高，对服务业内部各行业结构的调整和改善具有积极作用，服务业

---

① 模型所有特征根的倒数都位于单位圆之内，满足稳定性条件，模型整体效果良好，可以进行脉冲响应分析。

国际直接投资促进了广东服务业内部产值结构的升级。

第三节 服务业国际直接投资对服务业内部就业结构的影响

本部分建立计量经济模型,实证考察服务业国际直接投资对服务业内部就业结构的影响。

一 模型构建

沿用上一部分的模型,本节建立的时间序列模型如下:

$$\ln ModernEmploy_t = C + \alpha \ln SFDI_t + \beta \ln SGDP_t + \gamma \ln Humancapital_t + \delta \ln Gov_t + \phi \ln Demand_t + e_t \quad (6-3)$$

除了被解释变量以外,其他变量的含义与数据处理过程与上小节一样。其中,被解释变量 ModernEmploy 代表现代服务业就业人数占服务业就业总人数的比重。其单位根检验结果如下:

表6-5　　　　　　　　　　单位根检验

变量	检验类型（CTP）	ADF值	临界值（%）			整合阶数
			10	5	1	
lnModernEmploy	(CT0)	-0.5616	-3.24308	-3.6122	-4.39431	I(1)
ΔlnModernEmploy	(CN0)	-3.41077**	-2.63875	-2.99806	-3.75295	I(0)

由表6-5可以看出,变量 lnModernEmploy 的水平值即使在10%的显著性水平下都无法拒绝序列存在单位根的原假设,表明 lnModernEmploy 的水平值为非平稳序列;同时,ADF 检验显示 ΔlnModernEmploy 在5%的显著性水平下拒绝序列存在单位根的原假设,表明 lnModernEmploy 经过一阶差分后变为平稳序列,因此 lnModernEmploy 序列为一阶

单整序列 I（1），符合进一步进行协整分析的前提条件。

二 协整分析

运用 Johansen（1988）提出的基于向量自回归模型回归系数检验的协整检验方法对 ln$ModernEmploy$、ln$SFDI$、ln$SGDP$、ln$Humancapital$、lnGov、ln$Demand$ 之间是否存在长期稳定的协整关系进行分析，结果如表 6-6 所示：

表 6-6 协整检验

协整向量	协整向量数	特征根	最大特征值	5%临界值	p 值
ln$ModernEmploy$、ln$SFDI$、ln$SGDP$、ln$Humancapital$、lnGov、ln$Demand$	无	0.908197	54.92661	40.07757	0.0006
ln$ModernEmploy$、ln$SFDI$、ln$SGDP$、ln$Humancapital$、lnGov、ln$Demand$	至多1个	0.768874	33.69021	33.87687	0.0526

由表 6-6 可以看出，在 5% 的显著性水平下，拒绝上述变量不存在协整关系的原假设，同时接受变量之间至多存在一个协整关系的原假设，表明上述变量之间存在长期稳定的协整关系。标准化的协整方程为：

$$\ln ModernEmploy = 0.025704\ln SFDI - 0.060029\ln SGDP + 0.126674\ln Humancapital$$
$$t = (6.69851) \quad (-3.02326) \quad (11.2231)$$
$$+ 0.079328\ln Demand + 0.152489\ln Gov + 2.603492 + e_t$$
$$(7.71983) \quad (10.7048) \quad\quad (6-4)$$

为了进一步验证上述协整方程的准确性，对方程的残差项 e_t 进行 ADF 单位根检验，检验类型选择没有截距项、没有趋势项，得到残差序列的单位根检验结果如表 6-7 所示：

表6-7　　　　　　　　　　　残差的单位根检验

变量	检验类型（CTP）	ADF值	临界值（%）			整合阶数
			10	5	1	
e_t	(NN0)	-4.030612***	-1.608793	-1.955681	-2.66485	I(0)

由表6-7可以看出，协整方程的残差项 e_t 在1%的显著性水平下拒绝存在单位根的原假设，通过ADF单位根检验，表明 e_t 是平稳序列，验证了协整方程的存在与准确性。

由协整方程可以看出，服务业国际直接投资显著促进了广东服务业内部就业结构的改善，服务业利用国际直接投资每增加1个百分点，将引致现代服务业就业人数占服务业就业总人数的比重增加约0.0257个百分点，表明服务业国际直接投资的进入催生与孵化了大量现代服务业，这些现代服务业本身在创造新就业的同时也吸引了其他行业职工的流入，从而增加了现代服务业就业比重，服务业国际直接投资有利于服务业内部就业结构的优化与升级。

服务业经济规模对服务业内部就业结构的优化并没有显示出积极作用。众所周知，传统服务业基本上属于劳动密集型服务行业，吸纳劳动力数量多，劳动就业容量大，是缓解当前严峻就业形势的有效途径。而现代服务业大多属于知识、资本与技术密集型服务行业，其发展对劳动就业的贡献远没有传统服务业大，有时甚至产生就业替代与就业损失效应。协整结果表明，服务业经济发展在促进现代服务业发展的同时也促进传统服务业发展，而传统服务业发展具有更大就业弹性与就业容量，使得传统服务业就业人数上升速度大于现代服务业就业人数上升速度，从而使得现代服务业就业人数比重下降。

人力资本水平对服务业内部就业结构的优化具有显著正向影响。协整方程显示，广东普通高等学校在校大学生数每增加1个百分点，现代服务业就业人数占服务业就业总人数的比重增加约0.127个百分点。前文指出，由于普通高等学校大学生所学知识与现代服务业所需专业技能似乎存在不匹配现象，因此普通高等学校人数的增加对服务业内部就业结构的优化并没有显著影响。然而，现代服务业发展离不开高素质的人才，其对职工人力资本水平提出了较高要求；同时，现代服务业较高的薪酬水平也是具有较高人力资本水平的大学生理想的就业方向。这些因素综合作用的结果必然是人力资本水平的提升，有利于服务业内部就业结构的改善。

协整方程还显示，需求水平与政府干预对现代服务业就业人数占服务业就业总人数的比重的提升具有一定的正向影响，表明居民需求水平的提升与恰当的政府干预有利于现代服务业内部就业结构的优化。

三 格兰杰因果关系检验

为了进一步确认服务业内部就业结构与服务业国际直接投资之间的因果关系，本书采用基于向量自回归模型的格兰杰因果关系检验方法对变量 ln$ModernEmploy$ 和 ln$SFDI$ 之间的因果关系进行实证检验，结果如表 6-8 所示：

表 6-8　　　　　　　　　格兰杰因果关系检验

因变量：ln$ModernEmploy$				因变量：ln$SFDI$			
Excluded	Chi-sq	df	p 值	Excluded	Chi-sq	df	p 值
ln$SFDI$	161.2337	3	0.000	ln$ModernEmploy$	6.097078	3	0.107

由表 6-8 可以看出，在 10% 的显著性水平下，变量 ln$ModernEmploy$ 与 ln$SFDI$ 之间存在由 ln$SFDI$→ln$ModernEmploy$ 的单向格兰杰因果关系，其经济学含义是服务业国际直接投资是引起服务业内部就业结构变动的原因，对服务业内部就业结构的优化和升级具有积极的作用；

但是，服务业内部就业结构的改善并不是引起服务业国际直接投资的格兰杰原因。

四 脉冲响应分析

基于上述变量所建立的 VAR（2）模型，得到广东服务业内部就业结构对服务业国际直接投资的广义脉冲响应函数如图6-2所示。

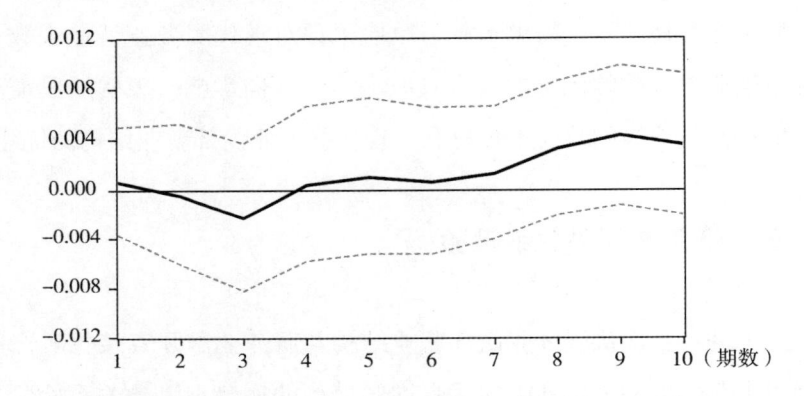

图6-2 ln*ModernEmploy* 对 ln*SFDI* 一个标准差新息的广义脉冲响应

由图6-2可以看出，现代服务业职工所占比重对服务业国际直接投资一个标准差新息广义脉冲响应在第1期就显现出微弱的正响应，但在第2、第3期又转为负响应。从第4期开始，ln*ModernEmploy* 对 ln*SFDI* 重新转为正响应并一直维持到期末。广义脉冲响应函数的轨迹图表明服务业国际直接投资对服务业内部就业结构的改善与升级具有积极的促进作用，但是这种促进作用具有一定的滞后效应。

第四节 本章小结

服务业国际直接投资通过资本补缺效应、知识溢出效应以及收入需求效应对流入地服务业内部结构产生影响。服务业国际直接投资显著促进了广东服务业内部产值结构和内部就业结构比例的改善，服务业利用国际直接投资每增加1个百分点，将引致现代服务业生产总值占服务业生产总值的比重增加约0.078个百分点，引致现代服务业职工人数占服务业职工总人数的比重增加约0.0257个百分点。服务业国际直接投资具有显著的结构优化效应，其作用渠道是：服务业国际直接投资通过资本补缺效应，弥补了现代服务业资金的不足，促进了现代服务业的发展与结构比重（包括产值结构和就业结构）的提升；服务业国际直接投资通过知识外溢效应，促进内资服务企业知识与技术的更新与进步，进而带动现代服务业整体技术水平的提升，推动现代服务业比重的提升；服务业国际直接投资的流入能够促进居民生活和收入水平的提升，增加居民对现代服务产品的消费需求，提升居民对服务产品的消费层次，逐渐形成以现代服务产品为主导的服务业需求以及消费结构，引导各种生产要素向现代服务业集中，促进现代服务业的发展和比重提升。格兰杰因果关系检验显示服务业国际直接投资与服务业内部产值结构之间存在双向因果关系，与服务业内部就业结构存在单向因果关系，服务业国际直接投资确实是服务业内部结构升级的重要推动力，广义脉冲响应函数轨迹图从动态时序角度验证了上述判断。

第七章　服务业国际直接投资的影响因素

本章在理论剖析服务业国际直接投资影响因素的基础上，建立ARMA模型对服务业国际直接投资各影响因素的大小和方向进行实证检验。在此基础上，甄别出各不同影响因素的重要程度，以便为服务业引资决策提供参考，在吸引服务业国际直接投资过程中有的放矢，抓住主要矛盾（最重要的影响因素），实现政府决策优化。

第一节　服务业国际直接投资影响因素的理论分析

一　经济规模

一个国家或者地区的经济规模是经济实力与经济竞争力的直接表征与反映。经济规模越大，说明该地区经济繁荣，消费需求旺盛，市场容量巨大，投资获利的可能性也越高；相反，如果一个地区的经济规模较小，说明该地区经济发展较为落后，消费需求不足，市场容量较小，导致投资获利的可能性也较小。在一个经济规模较大的地区，跨国企业更容易通过扩大生产规模而形成规模经济优势，这对金融业、国际航空业、广告业等规模经济特征明显的服务行业的发展尤为重要

（张诚、赵奇伟，2008）。企业进行任何投资决策均以营利为目的，利润最大化导向的国际直接投资总是趋向于向经济规模较大的地区集聚，国际直接投资的这种"偏好"也得到相关学者研究结论的证实，例如 Weinstein（1977）对国际广告业的研究、Gray 和 Gray（1981）对银行业的研究、Li 和 Guisinger（1992）对其他服务行业的研究，等等。但是张诚、赵奇伟（2008）的实证研究结论却显示市场规模和服务业国际直接投资呈现负相关关系，据此他们推测市场规模可能要越过一定的门限水平才会显示和服务业国际直接投资的正相关关系。

二 服务业发展水平

服务业发展水平是服务业跨国公司进行投资决策与区位选择的重要参考因素，其原因在于企业在服务业发展水平高的地区更容易获取各种有利于自身发展的效应，具体来说包括以下三个方面：一是规模经济效应。一般来说，一个地区的服务业发展水平越高，代表该地区发展服务业所需的各项软硬件条件更成熟，企业更容易扩大自身规模来提高劳动生产率，降低企业生产经营的平均成本，从而获得规模经济优势。二是集聚效应。虽然有些服务具有不可贸易的特性，但是一个地区对于服务的需求往往体现出集聚的特征（Jensen 和 Kletzer，2005）。因此，一个地区的服务业越发展，其服务需求一般也越集聚与旺盛。三是外部效应。服务业发展水平越高，表明该地区相关产业配套设施越完善，产业之间形成良好的前后向产业关联与价值链分工。这种产业之间良性互动形成的正向外部效应有利于减少企业生产单位产品的边际成本，增加企业竞争力与利润。

三 服务业劳动力成本

一般认为,服务业跨国公司进行海外投资的动因之一是寻求廉价劳动力,从而降低企业生产成本。因此,理论上说,服务业劳动力成本低的地区更容易获得服务业国际直接投资的青睐,即服务业国际直接投资与投资目的地劳动力成本呈现负相关关系。这一结论得到了大多数学者的赞同。UNCTAD(2004)指出在可直接贸易的服务领域,一个地区吸引服务业国际直接投资的关键性区位优势是拥有竞争性成本且受过训练的人力资源。但也有部分学者的研究结论对此持否定态度,陈艳莹、王周玉(2011)发现劳动力成本对我国交通运输业、商务服务业、信息服务业以及研发服务业四个典型生产者服务业的国际直接投资具有显著正向影响。

四 人力资本状况

国际直接投资作为一种优质资本,通常代表更先进的生产技术水平、更高的劳动生产率以及与现代生产方式相适应的经营管理理念。跨国公司的这种优势能否充分发挥,取决于当地人力资本状况。投资目的地拥有丰富的人力资源,是跨国公司将自身比较优势与当地区位优势有效结合的关键所在。服务业作为一种人与人之间面对面打交道以实现交易的产业,其服务产品的质量更是与服务业从业人员的专业素养和综合素质显著相关。众所周知,决定企业提供的服务产品价格高低的主要因素是服务的质量,而决定服务质量高低的根源则是企业是否拥有一批精通该服务产品提供技巧与规则的专业服务业人才。因此,一个地区是否拥有符合市场经济发展需求、精通服务业规则与业务的高素质人力资本成为服务企业能否高效提供服务产品、获取竞争优势以及赢取市场份额的重要因素。作为先进技术、知识与资本结合体的服务业国际直接投资必然将投资地的人力资本状况作为是否进行投资决策的重要考虑依据。

五 基础设施状况

一个地区基础设施完善与否对于区域内企业的生产经营活动具有重要影响。完善的基础设施能够高效地服务与衔接企业的设计、研发、采购、生产、加工以及售后等各个价值链环节，平滑企业上下游价值链之间的摩擦，降低企业生产经营成本，增加企业生产利润。相反，落后的基础设施条件将大大增加企业日常运营的交易成本，增加企业开支与负担，减少企业利润。特别是金融、快递、咨询、会展等现代服务行业，对交通、通信等基础设施的要求比传统服务业更为严格。可见，一个良好的基础设施状况是吸引国际直接投资的有利条件。Lovelock 和 George（1996）指出，在其他条件相同的情况下，服务业外商投资会流入基础设施状况较好的国家或者地区。

六 人口密度

一个地区的人口密度高，一方面说明该地区适宜人类居住与发展，一般来说经济也较为繁荣；同时，人口密度高也反映出该地区的总消费需求可能比其他地区更为旺盛。这些因素能推动企业倾向到人口密度高的地区进行生产经营活动。但另一方面，人口密度高通常也意味着更大的资源与环境压力，带来的资源、环境约束可能对企业的生产经营活动产生不利影响，如人口密度高意味着更高的住房与租房价格、更昂贵的土地租金等。另外，人口密度高所产生的"拥挤效应"也可能带来负的外部效应，从而不利于企业生产效率的提高。

七　劳动力市场发育水平

在一个成熟的劳动力市场中，劳动力可以在各地区、各产业以及产业内部各行业之间自由流动。同时，企业和劳动者都可以有效克服信息不对称问题，获得较为充分与完全的信息。因此，成熟劳动力市场有利于实现劳动力资源的合理配置，在充分就业的假设下，无论高技能熟练劳动力，抑或低技能非熟练劳动力在成熟劳动力市场中一般都能够找到适合自身能力与特点、符合自身技能特长与身价的就业岗位。同样，众多用工企业在成熟劳动力市场中也能够聘用到适合企业岗位发展要求的职工。相反，在一个发育不完全的劳动力市场中，用人单位和劳动者之间存在不完全与不对称信息，使得合适的劳动者无法匹配到合适的岗位上，造成资源的不合理配置与配置效率损失；劳动者的区域间、产业间以及行业间的自由流动也面临诸多体制性障碍，增加了企业和劳动者之间达成劳动契约的交易成本；同时，在一个不成熟的劳动力市场中也增加了劳资双方因一方"敲竹杠"而产生的机会主义行为的风险。毋庸置疑，一个地区劳动力市场是否发育成熟，是跨国企业是否进行投资的重要参考因素。

八　城市化水平

作为现代产业分工体系进一步深化和细化的产物，服务业（特别是生产者服务业）天生具有向城市集聚的"偏好"。从居民需求角度看，是因为城市的生活水平较高，在城市居民满足基本生活需求后将催生出改善生活质量的各类消费性服务需求（如娱乐、休闲、教育等）；从企业需求角度来看，则是因为相比农村，城市良好的产业基础与工业设施派生出能够改善企业生产效率的各类生产者服务需求

（如设计、运输、加工等）。从人类经济发展历史中不难发现，众多现代服务业都是伴随城市化水平的提高应运而生的。一些学者也对服务业的这种城市偏好现象进行了研究。陆铭、向宽虎（2012）认为服务业依赖于向大港口和大城市集聚以提升劳动生产率。但不容忽视的是，过度的城市化也可能带来更为激烈的市场竞争和高昂的资源使用价格，诸多的"城市病"也是企业在投资决策过程中不可回避和无法忽略的问题。现实中也存在许多跨国公司将国外子公司设在二线城市，以规避因城市化水平过高而带来各种负面效应的案例。

九 自然资源状况

对于某些服务行业来说，丰富的自然资源是其获得良好发展的重要条件。具体来说，外生自然资源作用于服务业发展的途径有以下三个方面：首先，一个地区的自然资源越丰富，说明该地区自然资源的有效供给量越多，在其他条件不变的情况下，形成对该地区自然资源市场价格向下的拉力。相对于自然资源贫瘠的地区，企业在自然资源优异的地区能够以更低的市场价格获取生产所需的各种原材料投入，获取自然资源的途径与方式也更加多样、更加便捷。其次，充裕的自然资源本身就是一些服务行业发展的前提条件。例如旅游业，其发展的根基就是当地拥有丰富的自然资源、秀丽的自然风光。旅游业的发展同时又能带动住宿、餐饮等其他相关服务业的发展。可见，一些"自然资源依赖型"服务行业的产生、发展以及比较优势的形成，取决于当地自然资源状况。最后，自然资源也是大多数工业企业的直接投入品，大多数工业企业都偏好将厂址选在自然资源丰富的地区，以利用"近水楼台"的优势，降低运输成本。工业的发展将催生出各种生产和生活服务需求，从而促进服务业的发展。综上可见，优越的自然资源状况对跨国企业投资的区位选择具有很大的吸引力。

十　对外开放水平

一个地区的对外开放水平越高，说明该地区外向型经济发展特征越明显，与世界经济的联系越紧密。随着一个地区对外开放水平的提高，该地区将越来越深入地介入国际产业分工体系，其产业结构也将越来越体现本地区的比较优势。在贸易、投资自由化以及经济全球化的背景下，大型跨国公司纷纷通过国际直接投资的方式，将公司本身所具有的垄断优势和投资目的地的比较优势相结合，达到在全球生产网络中充分利用世界各地优势资源的目的，优化资源配置效率，提高企业劳动生产率，形成企业的竞争优势。另外，一个地区的对外开放水平高低也与该地区地理条件的优劣相关。一般来说，对外开放水平较高的地区，意味着该地区有更适合开展对外贸易活动的地理条件，如位处世界交通枢纽，或者地处沿海，或者拥有能够容纳大型货轮的深水港，等等。这些优越的地理条件有利于减少对外贸易过程中的运输成本，促进国家或地区之间的贸易往来与外国资本流入。此外，对外开放水平高的地区往往对外资提供一个较为宽松的市场环境，有更为完善、公平与透明的对外经济法律法规指导涉外经贸活动，市场准入以及投资门槛相对较低，跨国公司的投资经营活动具有更大的便利性。Li 和 Guisinger（1992）实证研究结果表明服务业跨国公司的对外直接投资水平与东道国对外开放水平正相关。杨海生等（2010）的研究显示对外开放水平在中国全国范围以及东部地区与国际直接投资呈现显著正相关性。

十一　制造业国际直接投资水平

服务业国际直接投资一般表现出"追随性"特征，即制造业国际直接投资在前期先行进入投资目的地进行生产经营活动，服务业跨国公司随后跟随进入,以便为本国制造业跨国公司提供日常运营所需的各种配套服务。此时,制造业跨国公司为了降低重新寻求合作伙伴的交易成本,也会要求原有国内服务提供商继续为其提供各项中间服务。制造业国际直接投资的水平越高,说明制造业跨国公司在投资目的地的经济活动越密集,对原有国内服务运营商的服务需求就越大,从而促使更多本国的服务企业通过国际直接投资的方式从事跨国经营活动,为本国制造业跨国企业提供相应的配套服务。王晞(2005),刘振宇、王博(2007)的实证研究结论指出跨国银行进入中国的决定性因素之一是客户追随。另外一种情况就是,制造业跨国公司进入投资目的地进行生产经营活动后,为了降低市场交易风险,提高生产效率,从内部分化出独立的服务部门为其提供生产者服务,而制造企业则专注于其核心业务的经营。从制造业跨国公司内部独立出来的服务部门为了获取范围经济与规模经济收益,也可能同时为其他企业提供服务。此时,制造业国际直接投资活动间接催生出服务业国际直接投资。可见,在上述两种情形下,服务业国际直接投资水平都与制造业国际直接投资水平呈现正相关关系,这一结论也得到一些学者的证实。Yamori(1998)通过对日本跨国金融业的研究指出影响日本金融机构海外投资的重要因素是制造业对外直接投资的规模。王新华(2008)研究结论显示制造业国际直接投资对服务业国际直接投资具有正向影响。

十二 知识产权保护强度

有形产品的技术创新往往体现在独特的产品设计、精湛的生产工艺以及先进生产技术上。通常,有形产品的这些创新都内化于商品的内部结构之中,消费者一般难以通过消费该商品而直接获得产品技术创新的知识与技能,亦即有形产品的技术创新一般较难通过消费的途径而产生知识和技术的外溢，这就能够降低企业进行技术创新的风险，最大限度地获取技术创新产生的收益。相比于有形商品，服务产品的显著区别就是它们具有无形性、不可储存性以及生产和消费的同时性等特征。服务产品的这些特征使得服务业的创新面临更大的风险。一方面，由于服务产品的无形性，使得服务业的创新技术无法内化于服务产品之中，并且服务产品的生产过程与消费过程同时发生，使得任何服务企业关于产品的创新思想与创新技术都很容易在人与人之间面对面的服务交易过程中产生外溢。这种外溢效应使得其他未进行技术创新的服务企业可以坐享其成，先行创新的服务企业往往难以获取完全的创新收益，同时面临巨大的创新失败风险，从而降低了服务企业进行技术创新的激励与动力。可见，服务产品的自身特征要求当地有完善的知识产权保护政策以保护其创新成果。另一方面，跨国企业的经营模式也决定了服务业对于知识产权保护强度的敏感性。制造产品在生产过程中价值链环节的可分性使得制造业跨国公司能够将核心技术的生产环节保留在国内，以防止知识与技术的外溢，通过将产品的非核心环节生产过程布局在世界各地，以利用当地的区位优势以及资源优势，达到形成制造产品竞争优势的目的。服务产品则不同，服务产品的各个价值链环节不能分离，并且服务产品不可储存，致使服务产品无法像制造产品那样将价值链的各环节进行切割与片段化。这就使得服务业跨国公司在设立国外分公司的时候，无法将核心的生产环节保留在国内防止技术外溢。同时，为了让国外服务子公司能够获得竞争优势，母公司一般将总部先进的技术与理念无保留地与国外子公司共享，从而更容易造成服务业创新知识与技术的溢出。综上分析，相比于其他产业，服务业对一个"好制度"的依赖性更强。毋庸置疑，在知识产权保护强度高的地区，服务业才能获得健康快速的发展，服务业跨国公司才能免除创新知识与技术不经意间被其他服务企业共享的后顾之忧，大胆放心地进行研发与创新活动。

十三 市场化程度

一个地区的市场化程度越高，其市场经济活动越频繁，各项经济法律法规越完善，基础设施条件也更完备。同时，市场化程度越高，说明政府对经济的干预程度较小，由政府干预造成的市场扭曲带来的经济效率的损失也越小。企业处于一个较为公平的市场环境之中，决定企业成败的关键因素是企业的生产技术水平、经营管理理念、企业组织结构以及劳动生产率。这种市场化的公平竞争环境是跨国企业进行海外投资活动所需要的土壤。相反，在一个市场化程度不高的地区，政府的行政力量成为影响市场经济走向的重要因素，企业无法成为完全独立的市场主体，生产效率也许不再成为企业在市场竞争中成功与失败的关键。此时，社会不可避免地出现大量寻租行为，寻租成为各企业寻求行政保护、获得有利生存与发展条件的潜规则。在这样一种市场化程度不高、政府过多干预的市场环境下，企业无法将精力集中于研发设计、技术创新、提高生产技术水平等本分工作上，投机取巧、寻求政治资本成为企业乐此不疲的伎俩。显然，很难想象跨国公司会将子公司设立在这些地区，跨国企业需要的是市场化程度高、市场经营摩擦小、行政干预程度低、公平透明的竞争性市场环境。孙俊（2002）的研究结论证实了市场化程度与国际直接投资的正相关性。

十四 居民消费需求状况

在"顾客是上帝"的买方市场环境中，企业的一切生产经营活动都以消费者需求为导向。能否贴近消费者需求，能否生产出符合消费者偏好的产品是企业能否在激烈的市场竞争中获得生存与发展的关键。

根据凯恩斯的绝对收入理论，消费者的消费需求状况与消费者的收入状况相关，收入越高，消费者的消费需求越旺盛，企业在市场中获利的机会与可能性也就越高，对外资的吸引力也越大。同时，一个地区消费者的收入水平也决定了该地区的商品需求结构。若一个地区居民收入水平较高，居民倾向于购买高端产品，消费者商品需求结构中高档消费品（如汽车、家电）以及享受型服务消费（如旅游、娱乐、培训）占消费总额的比重较大，则该地区有利于上述高端行业的发展以及得到此类行业国外资本的青睐；相反，若一个地区居民收入水平较低，居民倾向于购买低端产品，消费者商品需求结构中日常必需品（如粮食、衣服等）所占比重较大，则该地区有利于经营日常必需消费品的国内外企业进行投资与生产活动。

十五　经济增长潜力

经济增长潜力反映了一个地区未来经济发展的态势与前景。一个地区当前经济良好运行并不能保证其将来经济持续向好。经济形势受诸多内外部环境和条件左右，并且总是在波动中不断向前发展。总的来说，一个地区的经济增长潜力由以下几个方面决定：一是产业结构。一个地区的产业结构体现了该地区在国际产业分工中所处的地位以及获得分工利益的能力，也就是说，一个地区在国际分工中获得的利益多寡与其本身的产业结构直接相关。微笑曲线形象地反映出只有牢牢占据价值链的上游和下游才能创造更大的附加价值，从而在全球生产网络中占据主动，获取更多的分工红利。因此，一个合理的产业结构能够顺应世界产业结构调整的潮流，充分发挥地区比较优势参与到国际分工体系之中，从而最大限度地获取"分工剩余"。拥有合理的产业结构的地区自然预示着更广阔的经济增长空间。二是人力资本。科学技术是第一生产力，掌握科学技术并不断实现科技创新的主体是人才。一个地区的人力资本状况反映出该地区进行技术创新的实力和潜力，而技术创新是经济实现内生增长的动力之源。毫无疑问，拥有丰富的高素质、高技能人力资源的地区经济增长潜力不容小觑。三是制度因素。一个良好的制度安排可以有效减少各市场经济主体的交易费用，提高经济运行效率，减少经济扭曲所造成的效率损失。根据前文分析，一个好的制度对于服务业这种"制度敏感性"强的产业的发展更是起着至关重要的作用。四是地理位置。优越的地理位置为开展对外贸易带来诸多便利，比如可以减少贸易活动中的运输成本，促进贸易往来与经济发展。

第二节 服务业国际直接投资影响因素的实证分析

在以上理论分析的基础上，本节建立 ARMA 模型，对广东服务业国际直接投资各影响因素的大小和方向进行实证检验。在此基础上，甄别出各种不同影响因素的重要程度，以便为服务业引资决策提供参考，在吸引服务业国际直接投资过程中有的放矢，抓住主要矛盾（最重要的影响因素），实现政府决策优化。

一 变量的选取

依据上小节理论分析结论，模型的被解释变量以及解释变量（各种影响因素）的变量选取以及说明如下：

被解释变量：

服务业国际直接投资（SFDI）：采用广东历年第三产业实际利用国际直接投资，按美元对人民币年平均汇率将计价单位转换为人民币，单位为亿元。

解释变量：

（1）经济规模（GDP）。采用广东历年生产总值作为衡量指标，单位为亿元。同时，为了检验结果的稳健性，本书将广东人均生产总值也作为经济规模的衡量指标，单位为元。

（2）服务业发展水平（proSGDP）。选取广东历年服务业生产总值占地区生产总值的比重作为衡量指标。显然，服务业生产总值所占的比重越大，说明服务业发展水平越高。

（3）服务业劳动力成本（Swage）。选取广东历年服务业职工平均工资作为衡量指标，单位为元。

（4）人力资本状况（humancapital）。采用广东历年普通高等学校在校学生人数作为衡量指标，单位为万人。

（5）基础设施状况（infrastructure）。选取广东历年交通运输、仓储和邮政业生产总值作为衡量指标，单位为亿元。

（6）人口密度（popdensity）。选取广东历年人口密度作为衡量指标，单位为人/平方公里。

（7）劳动力市场发育水平（labormarket）。选取广东历年国有单位就业人数占总就业人数的比重作为衡量指标。国有单位从业人员所占比重越高，说明劳动力市场的发育水平越低。

（8）城市化水平（urbanization）。采用广东历年非农人口占人口总数的比重作为衡量指标。该指标值越大，说明城市化水平越高。

（9）自然资源状况（naturalresource）。采用广东历年农林牧渔业总产值作为衡量指标，单位为亿元。

（10）对外开放水平（openness）。柳德荣（2005）采用出口依存度作为衡量指标，另外一些学者则采用进出口额占 GDP 比重作为衡量指标（杨海生、聂海峰、徐现祥，2010；潘璐，2011）。本书采用广东历年进出口总额占地区生产总值的比重作为衡量指标，该比重越大，说明对外开放水平越高。

(11) 制造业国际直接投资水平（MFDI）。采用广东历年制造业实际利用国际直接投资额作为衡量指标，按美元对人民币年平均汇率将美元计价转换为人民币计价，单位为亿元。

(12) 知识产权保护强度（IRP）。采用广东历年专利申请批准量作为衡量指标，单位为件。专利申请批准数量越多，说明知识产权保护强度越强。

(13) 市场化程度（marketization）。借鉴樊纲等（2003）的研究，采用广东财政支出占生产总值的比重作为衡量指标。财政支出占生产总值的比重越大，说明该地区的市场化程度越低。

(14) 居民消费需求状况（consumerdemand）。选取广东历年城镇居民人均消费性支出作为衡量指标，单位为元。

(15) 经济增长潜力（growthpotential）。采用广东地区生产总值的增长率作为衡量指标。地区生产总值的增长率越大，说明该地区经济增长潜力越大。

本书对上述指标中以绝对数形式出现的变量取自然对数处理，以使数据线性趋势化，并减少时间序列数据中存在的异方差。

二 单位根检验

由于大多数时间序列数据都不是平稳序列，而直接采用非平稳时间序列进行回归有可能产生"伪回归"问题。因此，在时间序列分析之前首先应该对数据的平稳性进行检验，只有平稳时间序列之间或者存在协整关系的非平稳时间序列之间的回归才是有意义的。本书采用ADF检验方法对上述变量进行单位根检验（检验结果见表7-1），以确定各变量的平稳性。该检验的原假设是序列存在单位根，如果不能拒绝原假设，表明序列是非平稳序列；相反，如果拒绝原假设，表明序列是平稳序列。在原始序列是非平稳的情况下，往往采用差分的方法使变量变为平稳时间序列,如果经过一次差分,非平稳序列变为平稳序列,则称该序列为一阶单整序列 I（1）；如果经过两次差分,非平稳序列才变为平稳序列,则该序列称为二阶单整序列 I（2）。变量单整阶数相同是变量之间存在协整关系的前提。

表 7–1　　　　　　　　　　单位根检验

变量	检验类型（CTP）	ADF 值	临界值（%）			是否平稳
			10	5	1	
ln$SFDI$	(CT1)	−1.95222	−3.24859	−3.62203	−4.41635	非平稳
Δln$SFDI$	(NN0)	−2.66672**	−1.6085	−1.95641	−2.66936	平稳
lnGDP	(CT2)	−1.32234	−3.25467	−3.6329	−4.44074	非平稳
ΔlnGDP	(CN0)	−2.22759	−2.63875	−2.99806	−3.75295	非平稳
Δ^2lnGDP	(NN0)	−4.56076***	−1.60818	−1.9572	−2.67429	平稳
$proSGDP$	(CT1)	−1.85873	−3.24859	−3.62203	−4.41635	非平稳
$\Delta proSGDP$	(NN0)	−2.68486***	−1.6085	−1.95641	−2.66936	平稳
ln$swage$	(CT1)	−1.87068	−3.24859	−3.62203	−4.41635	非平稳
Δln$swage$	(CT2)	−3.35842*	−3.26145	−3.64496	−4.4679	平稳
ln$humancapital$	(CT2)	−2.95211	−3.25467	−3.6329	−4.44074	非平稳
Δln$humancapital$	(CN1)	−2.68753*	−2.64224	−3.00486	−3.7696	平稳
ln$infrastructure$	(CT0)	−0.78397	−3.24308	−3.6122	−4.39431	非平稳
Δln$infrastructure$	(CN0)	−3.42385**	−2.63875	−2.99806	−3.75295	平稳
ln$popdensity$	(CT0)	−1.32865	−3.24308	−3.6122	−4.39431	非平稳
Δln$popdensity$	(CN0)	−4.484***	−2.63875	−2.99806	−3.75295	平稳
$marketization$	(CN0)	−3.47414**	−2.63554	−2.99188	−3.73785	平稳
$urbanization$	(CT1)	−2.30044	−3.24859	−3.62203	−4.41635	非平稳
$\Delta urbanization$	(NN0)	−2.90946***	−1.6085	−1.95641	−2.66936	平稳
ln$naturalresource$	(CT1)	−2.53416	−3.24859	−3.62203	−4.41635	非平稳
Δln$naturalresource$	(NN0)	−1.71809*	−1.6085	−1.95641	−2.66936	平稳
$openness$	(CT0)	−2.34942	−3.24308	−3.6122	−4.39431	非平稳
$\Delta openness$	(NN0)	−5.54439***	−1.6085	−1.95641	−2.66936	平稳
ln$MFDI$	(CT0)	−0.90431	−3.24308	−3.6122	−4.39431	非平稳

续表

变量	检验类型（CTP）	ADF 值	临界值（%）			是否平稳
			10	5	1	
$\Delta \ln MFDI$	（NN0）	-2.14731**	-1.6085	-1.95641	-2.66936	平稳
$\ln IRP$	（NN1）	2.738781	-1.6085	-1.95641	-2.66936	非平稳
$\Delta \ln IRP$	（CN0）	-5.33428***	-2.63875	-2.99806	-3.75295	平稳
$labormarket$	（CT3）	-2.24161	-3.26145	-3.64496	-4.4679	非平稳
$\Delta labormarket$	（CN0）	-6.22828***	-2.63875	-2.99806	-3.75295	平稳
$\ln consumerdemand$	（CT1）	-2.04083	-3.24859	-3.62203	-4.41635	非平稳
$\Delta \ln consumerdemand$	（CN0）	-2.53811	-2.63875	-2.99806	-3.75295	在15%显著性水平平稳
$growthpotential$	（CN1）	-3.68918**	-2.63875	-2.99806	-3.75295	平稳

注：1. Δ 表示对变量进行一阶差分，Δ^2 表示对变量进行二阶差分；2. 检验类型中 C 表示具有截距项，T 表示具有时间趋势项，P 表示滞后阶数，N 表示包含截距项或者时间趋势项。滞后阶数根据 SIC 准则确定。3. *表示在10%的显著性水平下通过检验，**表示在5%的显著性水平下通过检验，***表示在1%的显著性水平下通过检验。下同。

从表 7-1 可以看出，$\ln GDP$ 在经过二阶差分后在 1% 的显著性水平下拒绝存在单位根的原假设，变为平稳序列，因此 $\ln GDP$ 为二阶单整序列 I（2）；$marketization$ 以及 $growthpotential$ 两个变量在 5% 的显著性水平下拒绝存在单位根的原假设，本身即为平稳序列。除了上述三个变量以外，其余变量的原始序列都无法拒绝存在单位根的原假设，是非平稳序列，但是经过一阶差分后，都至少在 10% 的显著性水平下（$lnconsumerdemand$ 在 15% 的显著性水平）拒绝存在单位根的原假设，表明这些变量经过一阶差分变换后都变为平稳序列，因此这些变量都是一阶单整序列 I（1）。

三 协整分析

通过单位根检验的变量即可进行下一步的协整分析，协整分析的前提是变量之间是同阶单整变量。本部分通过建立 ARMA 模型，检验服务业国际直接投资各影响因素的大小和方向。然后，根据 Engle 和 Granger（1987）提出的 E–G 两步法，利用 ADF 单位根检验法检验模型回归残差的平稳性，检验形式皆为模型不含截距项，也不含趋势项。如果 ADF 检验显示残差为平稳序列，则模型的协整关系成立，模型不存在"伪回归"问题；反之，模型变量之间不存在协整关系。鉴于 *marketization* 以及 *growthpotential* 两个变量本身即为平稳序列，本书在建立 ARMA 模型时首先对被解释变量 ln*SFDI* 取一阶差分处理，这样，这两个回归模型即变为平稳变量之间的回归，无须考虑"伪回归"问题。经过多次尝试以及模型反复筛选，最终模型回归结果如表 7-2、表 7-3 所示。

由表 7-2、表 7-3 可以看出，模型各项检验统计指标均符合计量经济学检验标准，模型拟合优度较高，DW 检验也显示模型不存在自相关问题。值得注意的是，回归模型残差的单位根检验显示，所有回归模型的残差均在 1% 的显著性水平下拒绝模型残差存在单位根的原假设，说明所有模型的残差均为平稳序列，所有模型都不存在"伪回归"问题，可以作为进一步分析的基础。

首先，分析回归系数显示为负的回归方程的经济含义。回归（6）显示，国有单位就业人数占总就业人数的比重每提高 1 个百分点，则服务业国际直接投资减少约 0.15 个百分点。由于国有单位就业人数占总就业人数比重越高，表明劳动力市场发育程度越低，对服务业国际直接投资的流入产生抑制作用。回归（6）表明服务业跨国公司偏好较高的劳动力市场发育程度，与理论预期相符。回归（13）显示财政支出占生产总值的比重每提高 1 个百分点，服务业国际直接投资的增加率减少约 0.17 个百分点。由于财政支出占生产总值的比重越大，说明市场化程度越低，对服务业外资的流入产生抑制作用，回归结果市场化程度越高，对促进服务业国际直接投资的流入越有利，与理论预期一致。

表 7－2　回归结果 I

被解释变量	回归 (1) lnSFDI	回归 (2) lnSFDI	回归 (3) lnSFDI	回归 (4) lnSFDI	回归 (5) lnSFDI	回归 (6) lnSFDI	回归 (7) lnSFDI
C	−1.812619	−3.989574	2.47886**	−3.4093***	−37.3987***	6.667379***	0.527134
	−0.651542	−0.802048	2.173462	−3.494	−2.97572	12.49172	0.718249
proSGDP	0.167024**						
	2.622097						
ln$wage		0.963628*					
		1.952031					
lnhumancapital			0.788122**				
			2.618935				
lninfrastructure				1.30694***			
				8.521959			
lnpopdensity					6.93069***		
					3.393422		
labormarket						−0.1523**	
						−2.71148	
urbanization							0.12212***
							12.65115

续表

被解释变量	回归 (1) lnSFDI	回归 (2) lnSFDI	回归 (3) lnSFDI	回归 (4) lnSFDI	回归 (5) lnSFDI	回归 (6) lnSFDI	回归 (7) lnSFDI
ar (1)		1.1382***	1.635064***		0.567223**		1.282142***
		5.861186	18.01435		2.739385		5.97063
ar (2)		-0.328791*	-0.75845***				-0.44635**
		-1.779104	-7.63086				-2.21495
ma (1)	1.463007***		-1.6179***	0.84014***	0.780654***	1.552144***	0.917989***
	6.287919		-3.98748	5.003517	4.659041	7.040158	10.07621
ma (2)	1.422242***			0.524776**	0.553016***	1.396282***	
	5.561909			2.795658	2.906065	5.034853	
ma (3)	0.401356*					0.326637	
	1.80422					1.529502	
adj-R^2	0.934421	0.955819	0.985007	0.955312	0.959971	0.937362	0.971024
F 值	86.49321	159.6498	362.3295	172.0193	138.8968	90.78926	185.3149
	0.0000	0.0000	0.0000	0.0000	0.0000	0.0000	0.0000
DW 值	1.854252	2.217408	2.144119	1.834205	2.214731	1.72169	2.085749
残差 ADF 值	-4.621869	-5.145991	-5.73818	-4.45682	-5.46756	-4.25753	-4.84735
	0.0001	0.0000	0.0000	0.0001	0.0000	0.0002	0.0000

表 7-3　回归结果 Ⅱ

被解释变量	回归 (8) lnSFDI	回归 (9) lnSFDI	回归 (10) lnSFDI	回归 (11) lnSFDI	回归 (12) lnSFDI	回归 (13) lnSFDI	回归 (14) lnSFDI
C	-3.194181	5.9985***	-3.07658***	0.602685	-13.0138**	1.894926**	-0.52187*
	-1.312121	4.050099	-5.85819	0.266517	-2.69271	2.121936	-2.05891
lnnaturalresource	1.149114***						
	3.63602						
openness		0.000516					
		0.14712					
lnMFDI			1.33632***				
			15.33263				
lnIRP				0.479105**			
				2.184283			
lnconsumerdemand					2.012679***		
					3.858278		
marketization						-0.16886*	
						-1.90714	
growthpotential							0.051418***
							2.952573

续表

被解释变量	回归 (8) ln*SFDI*	回归 (9) ln*SFDI*	回归 (10) ln*SFDI*	回归 (11) ln*SFDI*	回归 (12) ln*SFDI*	回归 (13) ln*SFDI*	回归 (14) ln*SFDI*
ar (1)	1.433794 *** 11.39997	0.859429 *** 8.822624		0.69648 *** 3.875458	0.802835 *** 5.805507		
ar (2)	−0.590065 *** −5.564289						
ma (1)	−0.996921 *** −9.215073	0.639037 *** 3.346262	0.925142 *** 7.476935	0.706136 *** 3.999775			
ma (2)		0.363067 * 1.803184	0.629014 *** 5.246481	0.40549 * 2.084626			
ma (3)							
adj-R^2	0.97241	0.949836	0.98624	0.955696	0.956918	0.102865	0.251246
F 值	194.8479	109.874	574.3922	125.0338	256.4325	3.637166	8.717685
	0.0000	0.0000	0.0000	0.0000	0.0000	0.0696	0.0074
DW 值	1.958808	2.405072	1.990557	2.320035	1.445092	1.477965	1.533147
残差 ADF 值	−4.47252 0.0001	−6.51311 0.0000	−4.80419 0.0000	−6.32773 0.0000	−4.1523 0.0002		

接着分析模型回归系数显示为正的回归方程的经济含义。回归结果显示，服务业发展水平越高、服务业劳动力成本越高、人力资源越丰富、基础设施越完善、人口密度越高、城市化水平越高、自然资源越丰富、制造业国际直接投资数量越多、知识产权保护程度越强、居民消费需求越旺盛、经济增长潜力越高，都对服务业国际直接投资的流入具有促进作用。上述结果基本与理论预期相符，例外的是，广东服务业劳动力成本每提高1个百分点，服务业国际直接投资增加约0.96个百分点。服务业国际直接投资为何更偏好较高的劳动力成本？其原因可能是因为较高的职工工资水平通常代表更高的劳动力素质，服务产品的特性决定了高素质的服务产品提供者是服务产品质量与价格的保证，因此，服务业跨国公司为了保证其服务产品的质量，获得竞争优势，从而在激烈的市场竞争中获得一席之地，不惜花费更大的劳动力成本雇佣高素质的职工。这也从人力资本变量的弹性系数得到印证，回归（3）显示，广东人力资本每提高1个百分点，服务业国际直接投资增加约0.79个百分点。

值得注意的是，回归（9）显示，以进出口总额占地区生产总值比重作为衡量指标的对外开放水平没有通过显著性检验，表明进出口总额占生产总值比重越高，并不能促进服务业国际直接投资的流入。众所周知，加工贸易长期占据广东对外贸易的半壁江山，这种"两头在外""大进大出"的贸易方式一方面推高了广东的进出口贸易数量和贸易依存度，另一方面也使得广东长期被锁定在加工组装的低端价值链环节，成为"世界工厂"。由于加工与组装环节对服务的需求度较低，并不像价值链上下两端的研发、设计以及流通、售后一样能够产生大量的直接或者间接服务需求，这种以加工贸易为主导的贸易结构使得广东进出口总额占生产总值比重的提高并不能带来服务业国际直接投资流入量的增加。

为了清晰地反映服务业各影响因素的重要程度，本章按各影响因素弹性系数的大小进行排序，并列示排名前七位的影响因素，如表 7-4 所示：

表 7-4　　　　　广东服务业国际直接投资前 7 位影响因素

排名	1	2	3	4	5	6	7
影响因素	人口密度	居民消费需求状况	制造业国际直接投资水平	基础设施状况	自然资源状况	服务业劳动力成本	人力资本状况

由表 7-4 可以看出，位列广东服务业国际直接投资影响因素前 7 位的因素分别为人口密度、居民消费需求状况、制造业国际直接投资水平、基础设施状况、自然资源状况、服务业劳动力成本和人力资本状况。值得注意的是，排名前三位的因素都和需求有关：人口密度反映的是对服务的总需求；居民消费需求状况反映的是对消费者服务的需求；制造业国际直接投资水平反映的是对生产者服务的需求。所以，我们可以基本得出结论：服务业跨国公司对广东的服务业直接投资主要是需求导向型的，这与 Aleksandra（2008）针对八个新欧洲成员国的实证研究结论是一致的。因此，为了有效吸引服务业国际直接投资，总体政策落脚点在于扩大总需求，不但要扩大消费者服务需求，也要扩大生产者服务需求。旺盛的服务需求使得服务业跨国公司看到广阔的市场空间和发展机遇，从而引发其跨国投资行为。扩大消费者服务需求，主要是要提高劳动在收入分配中的比重，扩大城乡居民收入水平，减少收入分配差距，让全体劳动人民共享改革发展的成果；扩大生产者服务需求，主要是要促进企业由加工组装环节向产业链上下两端升级，延长企业生产过程中的产业链条，提升企业经营活动对生产者服务的需求度。除此以外，基础设施状况、自然资源状况、服务业劳动力成本以及人力资本状况等供给条件也是影响服务业国际直接投资的重要因素。在这些因素当中，自然资源状况更多的是由外生决定，

基本属于"政策中性"的因素,施加政策的效果不明显。因此,从供给角度制定引进服务业外资政策的落脚点在于完善基础设施,减少服务业跨国公司经营成本,便利服务业跨国公司经营活动;适度提高服务业从业人员工资水平,吸引高素质人才流入各服务行业;提高国民素质,培养大批符合现代服务业经营管理要求的人力资源。

第三节 本章小结

本章在理论分析的基础上,对服务业国际直接投资的影响因素进行了实证检验,实证研究的结果表明,排名前三位的影响因素分别为人口密度、居民消费需求状况以及制造业国际直接投资水平。鉴于这些因素都和需求有关:人口密度反映的是对服务的总需求;居民消费需求状况反映的是对消费者服务的需求;制造业国际直接投资水平反映的是对生产者服务的需求。本书认为服务业跨国公司对广东的服务业直接投资主要是需求导向型的。因此,为了有效吸引服务业国际直接投资,总体政策落脚点在于扩大总需求。

第八章 结论与政策建议

第一节 基本结论

（1）本书探究了垄断优势理论、内部化理论、国际生产折中理论、边际产业扩张理论以及产品生命周期理论等始发于阐释制造业国际直接投资动因的经典对外直接投资理论对服务业的适用性。分析结果认为，垄断优势理论、内部化理论、国际生产折中理论对服务业国际直接投资动因的解释具有一定的适用性，其理论内核基本适用于服务业跨国公司海外扩张行为的阐释，特别是被美誉为"通论"的国际生产折中范式能够在相当大的程度与范围对服务业国际直接投资的动因做出较为合理的解释。而边际产业扩张理论以及产品生命周期理论在解释服务业国际直接投资动因方面显得适用性不足。本书同时认为，随着现代网络与信息技术的跨越式发展，越来越多服务产品呈现出崭新的形态，并且逐步突破了传统服务产品不可储存等固有特征，现代服务产品开始显现出与货物产品相似的产品特征。面对新形势下的现代服务产品，产品生命周期理论似乎显得可以有所作为。

（2）服务业国际直接投资作为资本、技术、管理经验与知识文化的集合体，对流入地服务业产业成长（经济增长）产生深远影响。本书建立起服务业国际直接投资影响服务业产业成长的理论分析框架。

诚然，服务业国际直接投资通过技术变迁和要素积累对服务业产业成长（经济增长）施加影响。服务业国际直接投资引起的技术变迁体现在服务业国际直接投资通过技术效应影响服务业的投入产出效率。服务业国际直接投资的流入还将改变服务业要素积累状况，对劳动力供给和国内资本积累施加影响。

（3）本书采用基于 DEA 的 Malmquist 指数对广东服务业整体全要素生产率进行测算的结果显示，广东服务业整体全要素生产率基本呈现正增长；通过将全要素生产率分解为技术效率指数和技术进步指数，可以发现技术效率指数与技术进步指数也在大部分年份呈现正增长态势。细分服务行业的测算同样显示几乎所有服务行业的全要素生产率、技术效率以及技术进步率都呈现正增长。上述结果表明无论服务业整体抑或细分服务行业，广东在服务产品生产过程中合理有效地开发和利用各种投入要素，有效配置各项资源，使得服务业的生产经营活动不断向潜在的生产可能性曲线逼近，服务业的生产效率不断提高；同时，在服务产品的生产过程中，服务业的生产技术水平不断得到提升，使得服务业的潜在生产可能性曲线不断向更高水平扩张。

（4）服务业国际直接投资通过竞争效应、示范效应、产业关联效应和人力资本流动效应发挥其技术效应。服务业国际直接投资显著促进了广东服务业全要素生产率以及技术进步指数的增长，服务业利用国际直接投资每增加 1 个百分点，将分别引致服务业全要素生产率以及技术进步指数增加 0.07966、0.067526，表明服务业国际直接投资有效发挥了其技术效应。服务业国际直接投资通过竞争效应引入市场竞争，打破服务业市场格局，激活服务业市场主体，逼迫内资服务企业不断加大研发投入，努力提高自主创新能力，促进服务业生产率提升与技术进步；通过示范效应为内资服务企业提供学习与参照的榜样，内资服务企业通过"干中学""逆向工程"等途径不断获得模仿的机会，提高生产技术水平与生产效率；通过产业关联效应提高上下游服务企业的技术水平和服务技能，导致服务业整体全要素生产率与技术进步率的提升；通过人力资本流动效应加快服务业技术的转移与扩散，内资服务企业在技术人员流动中能够轻易获得服务业跨国公司知识与技术溢出的红利，有利于内资服务企业全要素生产率提升与技术升级。服务业国际直接投资对服务业技术效率指数并没有显著影响，揭示了广东服务业技术效率的改进更多地应该依靠本土服务企业自身努力，通过优化各项资源配置效率，更有效地开发和利用各种生产投入，使生产可能性曲线不断向潜在最大生产可能性曲线靠近。广义脉冲响应函数的进一步研究显示，服务业国际直接投资对广东服务业全要素生产率和技术进步指数的促进作用存在一定"门槛效应"，只有当广东内资服务企业越过技术门槛后，服务业国际直接投资的正向技术效应才能完全显现出来，平均而言，广东内资服务企业完全越过技术门槛需要的时间为4—5年。面板随机系数模型结果表明流入不同服务行业的国际直接投资对各行业的技术效应具有不同的效果。一些服务行业的国际直接投资对行业具有正向技术效应，另一些服务行业的国际直接投资对行业具有负向技术效应，还有一些服务行业的国际直接投资对行业没有产生显著的技术效应。造成这种差异的原因主要是各服务行业自身特征存在巨大的异质性，并且不同服务行业处于不同的发展阶段，具有不同的发展特性，而服务业国际直接投资在广东各细分服务行业的分布不均则进一步扩大了服务业国际直接投资对各细分服务行业技术效应的差异性。

（5）服务业国际直接投资通过短期就业效应和长期就业效应对流入地的服务业就业市场产生影响。服务业国际直接投资的总就业效应是短期就业效应和长期就业效应作用于服务业就业市场之综合效果的集中体现，是短期和长期就业效应共同作用的结果。服务业国际直接投资给广东服务业就业市场带来的总就业效应为微弱的负效应，服务业国际直接投资每增加1个百分点，服务业就业人数将减少约0.04个百分点。通过广义脉冲响应函数进一步研究发现，广东服务业国际直接投资产生负的短期就业效应和正的长期就业效应。服务业国际直接投资带来负的短期就业效应，其原因除了近年来国际资本跨国并购以及外商独资化趋势越来越明显，从而对外资流入地的短期就业产生一定消极影响外，更重要的原因是当前广东内资服务企业的竞争力仍然较弱，在与服务业外商投资企业激烈的市场竞争中处于劣势，服务业外商投资企业挤出国内服务业投资，短期内游离出失业人口。服务业国际直接投资带来正的长期就业效应，其原因是服务业国际直接投资能够分别通过产业关联效应、结构调整效应和技术变迁效应对广东服务业的长期就业市场产生影响，虽然单从上述某一效应孤立地看，其对广东服务业长期就业市场的作用方向可能是不确定的，但是由于三种效应的综合效应为正，因此长期里服务业国际直接投资能够增加广东服务业就业岗位和就业人数。

（6）从整体层面看，服务业国际直接投资对广东服务业职工实际工资水平具有微弱的正效应，其原因主要在于服务业国际直接投资引致的服务业熟练劳动力实际工资水平上升幅度大于服务业国际直接投资引致的非熟练劳动力实际工资水平下降的幅度；从行业层面看，鉴于服务业国际直接投资在广东各服务行业分布不均，服务业国际直接投资工资效应在各服务行业之间存在差异性与不平衡性，而各服务行业自身行业特征的异质性则进一步扩大了服务业国际直接投资行业间工资效应的差异化。具体来说，服务业国际直接投资提升了广东生产者服务业职工的实际工资水平，降低了广东传统消费性服务业职工的实际工资水平，表明服务业国际直接投资并不利于广东各服务行业收入差距的缩小和收敛，反而进一步扩大了生产者服务业和消费性服务业的收入差距。

（7）从整体层面看，服务业国际直接投资对国内资本表现为挤入效应，但从时序维度进行进一步分析可以发现，服务业国际直接投资在短期对服务业国内投资具有挤出效应，在长期对服务业国内资本具有挤入效应。面板随机系数模型估计结果显示流入信息传输、计算机服务和软件业，批发和零售业的国际直接投资对上述服务行业的国内资本具有显著的挤入效应；流入住宿和餐饮业，租赁和商务服务业，科学研究、技术服务和地质勘查业，居民服务和其他服务业，文化、体育和娱乐业的国际直接投资对上述行业的国内资本具有一定的挤出作用；流入交通运输、仓储和邮政业，金融业，房地产业，水利、环境和公共设施管理业，教育，卫生、社会保障和社会福利业的国际直接投资对上述服务行业的国内资本没有产生显著的影响。

（8）服务业国际直接投资通过资本补缺效应、知识外溢效应以及收入需求效应对流入地服务业内部结构产生影响。服务业国际直接投资显著促进了广东服务业内部产值结构和就业结构比例的改善，服务业利用国际直接投资每增加1个百分点，将引致现代服务业生产总值占服务业生产总值的比重增加约0.078个百分点，引致现代服务业职工人数占服务业职工总人数的比重增加约0.0257个百分点。服务业国际直接投资具有显著的结构优化效应，其作用渠道是：服务业国际直接投资通过资本补缺效应，弥补了现代服务业资金的不足，促进了现代服务业的发展与结构比重（包括产值结构和就业结构）的提升；服务业国际直接投资通过知识外溢效应，促进内资服务企业知识与技术的更新与进步，进而带动现代服务业整体技术水平的提升，推动现代服务业结构比重提升；服务业国际直接投资的流入能够促进居民生活和收入水平的提升，增加居民对现代服务产品的消费需求，提升居民对服务产品的消费层次，逐渐形成以现代服务产品为主导的服务业需求以及消费结构，引导各种生产要素向现代服务业集中，促进现代服务业的发展和结构比重提升。格兰杰因果关系检验结果显示服务业国际直接投资与服务业内部产值结构之间存在双向因果关系，与服务业内部就业结构存在单向因果关系，服务业国际直接投资确实是服务业内部结构升级的重要推动力,广义脉冲响应函数轨迹图从动态时序角度验证了上述判断。

(9)本书在理论分析的基础上,对服务业国际直接投资的影响因素进行了实证检验,实证研究的结果表明,位列广东服务业国际直接投资影响因素前7位的因素分别为人口密度、居民消费需求状况、制造业国际直接投资水平、基础设施状况、自然资源状况、服务业劳动力成本和人力资本状况。由于排名前三位的影响因素都和需求有关:人口密度反映的是对服务的总需求;居民消费需求状况反映的是对消费者服务的需求;制造业国际直接投资水平反映的是对生产者服务的需求。我们可以认为服务业跨国公司对广东的服务业直接投资主要是需求导向型的。因此,为了有效吸引服务业国际直接投资,总体政策落脚点在于扩大总需求,除此以外,基础设施状况、自然资源状况、服务业劳动力成本以及人力资本状况等供给条件也是影响服务业国际直接投资的重要因素。在这些因素当中,自然资源状况更多的是由外生决定,基本属于"政策中性"的因素,施加政策的效果不明显。因此,从供给角度制定引进服务业外资政策的落脚点在于完善基础设施,减少服务业跨国公司经营成本,便利服务业跨国公司经营活动;适度提高服务业从业人员工资水平,吸引高素质人才流入各服务行业;提高国民素质,培养大批符合现代服务业经营管理要求的人力资源。

第二节 政策建议

服务业国际直接投资是当前国际投资的重要趋势,服务业国际直接投资作为一种流动性强、风险低、价值含量高的优质资本,弥补了服务业在发展过程中存在的资金缺口,并通过资本、管理、技术、诀窍、制度等"一揽子"生产要素的流入,对服务业发展产生了深远的影响。通过前文研究我们知道,国际直接投资对服务业发展既有正面影响，又有负面影响，但总体以正面影响为主。有鉴于此，为了适应新形势下加快服务业对外开放潮流，加大服务业招商引资力度，充分发挥服务业国际直接投资的积极影响，有效规避服务业国际直接投资的消极影响，利用服务业国际直接投资推进服务业跨越式发展，实现经济增长方式转变与经济结构转型升级，同时构建新形势下服务业对外开放与利用外资战略，本书提出以下对策与建议。

一 扩大总需求，提高对服务业国际直接投资的吸引力

鉴于服务业跨国公司对广东的服务业直接投资主要是需求导向型的，因此，为了有效吸引服务业国际直接投资，总体政策落脚点在于扩大总需求，不但要扩大消费者服务需求，也要扩大生产者服务需求。旺盛的服务需求使得服务业跨国公司看到广阔的市场空间和发展机遇，从而引发其跨国投资行为，加速国际服务业产业转移。

扩大消费者需求，主要政策落脚点在于提高劳动在收入分配中的比重，深入贯彻落实劳动法，提高劳动者最低工资标准；努力扩大城乡居民收入水平，特别是提高中低收入群体收入，减少居民收入分配差距，有效提升农村居民和城镇低收入居民消费水平；深化财税制度改革，降低居民税收负担，提高居民可支配收入；调整企业收入分配关系，规范垄断性行业收入分配制度，适当降低资本在收入分配中所占的比重，使改革发展的成果让全体劳动人民共享。

扩大生产者服务需求，主要是要促进企业由加工组装环节向产业链上下两端升级，延长企业生产过程中的产业链条，提升企业经营活动对生产者服务的需求度；促进加工贸易转型升级，加强生产者服务业与制造业的产业关联，扩大生产者服务中间需求；加快转变经济增长方式，改变代工生产的国际分工地位，促进国内需求在拉动经济增长中的作用；提高制造业生产技术水平，加强制造企业自主创新能力，

使其成为生产者服务发展的市场支持者与需求者。

二 合理把握服务业对外开放优先战略次序

不同的服务行业具有不同的行业特征，处于不同的发展阶段，具备不同的行业基础。通过本书的分析可以知道，服务业国际直接投资对不同服务行业的发展具有不同的影响，因此政府在制定服务业对外开放战略的时候不能采取"一刀切"方式，政府应该针对服务业国际直接投资对各细分服务行业产生的不同效应，采取差别化的服务业对外开放战略。

对待金融业，租赁和商务服务业，信息传输、计算机服务和软件业，科学研究、技术服务和地质勘查业等生产者服务业，应该在保证国家经济安全的基础上逐步有序扩大对外开放。生产者服务业是制造业发展的润滑剂，也是关系国家政治经济安全的重要部门。本书研究结论显示，服务业国际直接投资的进入对于大多数生产者服务业具有积极效应，表明对外开放有利于改变生产者服务业市场格局，通过引入竞争和示范，激发内资服务企业不断提高生产技术水平，带动行业发展。同时也应该看到，生产者服务业大多关系到国家经济命脉，政府在开放过程中必须注意合理有度原则，预防外国资本对行业形成垄断，威胁国家经济安全。

对待交通运输、仓储和邮政业，住宿和餐饮业，批发和零售业等劳动密集型服务行业，应该在保证外资质量的基础上继续扩大对外开放。劳动密集型服务行业在国内具有悠久的发展历史，发展劳动密集型服务业能够发挥中国劳动力资源丰富的比较优势，进而获取国际市场竞争优势。劳动密集型服务业是中国对外开放较早的服务行业，长期的对外开放使得国外投资者对行业的经营环境与盈利空间有较深入的掌握。虽然劳动密集型服务业是国际直接投资较为集中的服务行业，但由于劳动密集型外资与内资服务企业之间的技术势差较小，外资所产生的技术溢出空间较为有限。因此，在劳动密集型服务业对外开放战略中，应该把握住质量优先的原则，有效提高利用外资的质量，避免低水平重复建设与重复投资。

三　改善服务业投资环境

相比于制造业跨国公司，服务业跨国公司对投资目的地投资环境更为重视，这在金融、保险、电信等现代服务行业表现得尤为突出。良好的投资环境能够降低服务企业运营的交易费用、简化企业行政审批手续，并通过提供市场激励相容的生产配套服务与措施保障服务企业的公平竞争与正常经营。投资环境的好坏是服务业能否持续快速发展、能否获得持续竞争力的重要外部因素。服务业跨国投资实践表明，投资环境是服务业跨国公司进行海外投资决策最重要的考虑因素之一。为了继续扩大服务业市场开放度和服务业招商引资力度，政府应改善并创造一个有利于服务业跨国企业海外经营的投资环境。投资环境的改善包括政策环境、基础设施环境、法律环境以及市场环境等一系列相关环境的优化升级以及政府配套政策体系的构建。

第一，在政策环境方面，政府应大力发展电子政务，加大外资外贸信息的公开度和透明度；降低外资进入服务行业的市场准入门槛，制定有利于鼓励外商投资积极性的政策安排；保持外资外贸政策的稳定性和连贯性，促进外商长期投资预期的形成。

第二，在基础设施环境方面，需要进一步加强有利于服务业发展的基础设施建设，特别是粤北以及东西两翼地区的基础设施亟待进一步改善；努力构建粤港澳区域一体化的配套服务设施与体系，吸引更多对基础设施要求较高的生产者服务企业前来投资；培育以广东为中心，辐射港澳、覆盖华南的服务业产业集群的成长。

第三，在法律环境方面，由于服务业更多表现为以知识和技能为基础的无形资产，使得服务业跨国公司对国际直接投资流入地的法律环境，特别是在法律对知识产权保护方面有较高要求。针对这一点，政府应为服务业跨国公司营造一个健全公平的法律环境，加快各项有关服务业利用外资的法律法规的起草和制定，切实加强知识产权保护力度，保障服务业外商投资企业的合法利益。

第四，在市场环境方面，政府需要减少对服务业市场的行政干预，简化各项行政审批手续；逐渐消除服务业中的行业垄断，严厉打击各种不公平竞争和恶意竞争等扰乱市场秩序的行为，规范服务业市场，同等对待各种市场主体，为服务业外商投资企业创造一个健康、透明、公平、有序的市场环境。

四 合理引导服务业国际直接投资的行业流向

国际直接投资在服务业内部各细分行业之间分布不均，引起服务业内部产值结构的调整和就业结构的改变，但以企业经济利润最大化为导向的服务业国际直接投资并不会自发形成有利于服务业内部产值结构与就业结构改善的投资结构。政府需要根据产业发展需要，权衡利弊，对服务业国际直接投资的行业流向加以有效的引导，达到利用外资效用最大化目的。

首先，政府要认清并处理好引入劳动密集型服务业国际直接投资与引入资本技术密集型服务业国际直接投资之间的关系。批发和零售业、住宿和餐饮业等劳动密集型服务行业，其发展需要大量非熟练劳动力，就业弹性大，可以对农村剩余劳动力和城镇失业人口起到"蓄水池"作用，对解决失业问题具有举足轻重的作用。同时，发展劳动密集型服务业能够充分发挥中国劳动力资源丰富的比较优势，有利于降低企业经营成本与产品价格，获取市场竞争优势。但如果只是看到上述"红利"而任由国际直接投资过多流入劳动密集型服务行业，则将引起服务业内部结构失衡并被锁定于全球产业价值链低端，不利于经济增长方式转变和服务业内部结构升级。金融业，信息传输、计算机服务和软件业等资本和技术密集型服务业，其发展对人力资本要求较高，需要大量高技能的熟练劳动力，对缓解当前失业人口中非熟练劳动力占主体的就业问题贡献并不大，并且资本和技术密集型服务业就业替代效应较明显，甚至带来就业负效应从而增加失业人口。但是由于资本和技术密集型服务业主要以生产者服务业为主，为企业生产经营活动提供中间服务，处于产业价值链的高端，是服务业结构升级和经济增长方式转变的"催化剂"，所以政府需加大资本和技术密集型服务业的开放力度，积极引导资本和技术密集型服务业国际直接投资的流入，提升利用服务业国际直接投资的质量。总之，政府需要秉持利用劳动密集型服务业国际直接投资促进就业，利用资本和技术密集型服务业国际直接投资促进服务业结构升级，正确处理好引入劳动密集型服务业国际直接投资与引入资本和技术密集型服务业国际直接投资之间的关系，形成既有利于促进就业，又有利于服务业结构升级的引资局面。

其次，政府需要积极引导服务业国际直接投资流入产业关联度高的服务行业，以促进前后向关联产业的成长以及溢出效应的发挥；限制服务业国际直接投资进入与国内投资存在明显竞争关系的服务行业，以削弱服务业国际直接投资对内资企业的挤出效应、避免重复建设造成的资源浪费；积极鼓励国际直接投资进入科技含量高而广东尚无力大力发展的新兴现代化服务业，以提升广东服务业整体竞争力。

最后，政府要防止服务业国际直接投资在某一个或者某几个服务行业过度集聚，从而不利于服务业产业链的形成和民族企业的发展，制约服务业整体规模的壮大。同时，要防止服务业国际直接投资对某些产业形成绝对控制，从而威胁国家经济安全。

五 提升服务业从业人员人力资本水平

随着经济全球化深入发展与信息化浪潮席卷全球,科学技术正改变着人们的思维与生产生活方式,对人们的工作与生活产生深远影响。当前,社会分工日趋精细,社会对劳动者的人力资本与技能水平要求越来越高,既要求劳动者具备良好的理解能力、学习能力和沟通能力,还要求劳动者具有良好的团队合作精神。服务业作为一种人与人之间面对面打交道的行业,其服务产品的质量与价格取决于服务供应商的服务技能与服务诀窍,服务业的特殊属性使其对从业人员的人力资本水平以及综合素质提出较高要求,这在金融业、保险业、律师、咨询、会计、设计等生产者服务业体现得尤为明显。然而,中国是一个农业大国,农业人口占人口总数的 2/3 以上,人口受教育程度普遍较低,高中及以下教育水平者占劳动力人口的多数。人力资本水平与劳动者生产效率低下是制约服务业健康快速发展的桎梏,也是影响服务业跨国公司进行投资决策的显著因素。因此,为促进服务业结构升级,实现服务业跨越式发展,提升劳动者综合素质与职业技能就显得尤为紧迫和必要。

为此,政府需要继续加大对教育与职业培训的财政投入力度,完善教育与职业培训基础设施建设,大力发展教育与职业培训,逐步建立覆盖不同服务行业从业人员的职业技能培训体系与培训网络,努力提升服务业从业人员的人力资本水平与职业技能;迎合市场发展需求,根据服务业发展趋势对各普通高校和职业技术院校进行相关专业调整和优化,增设当前服务业发展紧缺专业,培养服务型人才;鼓励服务业跨国公司在广东建立产学研机构,引导服务业国际直接投资为服务业人才培养做出更大贡献;建立健全的人才激励机制,吸引与鼓励国外留学人员归国服务;畅通劳动力流通渠道,促进劳动力在服务业外商投资企业与内资服务企业之间自由流动，有效激发服务业国际直接投资技术效应的发挥；顺应服务业国际直接投资促进服务业结构调整和升级的趋势，培育符合现代服务业发展要求和适应未来服务业发展方向的各类人才。

六　发挥服务业国际直接投资的长期就业效应

就业是民生之本，关系着人民的幸福安康和社会的和谐稳定，是任何政府都必须面对的头等大事；就业也是经济学界永恒的话题，从经济学成为一门独立学科起，就业问题就成为经济学界讨论的焦点问题。由于服务业国际直接投资产生的短期就业效应为负而长期就业效应为正，为了在利用服务业国际直接投资的同时妥善解决就业问题，政府应该尽量将服务业国际直接投资的短期就业负效应降到最低限度，同时积极发挥其长期就业效应。

第一，完善服务业市场竞争体制，形成公平、透明、开放的服务业市场竞争格局。通过服务业对外开放形成倒逼机制，提高国内服务企业的危机感，促使国内服务企业努力提高经营管理技能，不断增强企业核心竞争力以及在激烈的市场竞争环境中生存的能力，减少服务业国际直接投资对国内服务企业的冲击，将服务业国际直接投资挤出国内服务业投资而造成的短期就业负效应减少到最低限度。

第二，积极发挥服务业国际直接投资的长期就业效应。引导服务业国际直接投资流向资本和知识密集型的新兴服务行业，特别是金融业，科学研究和技术服务，信息传输、计算机服务和软件业等产业关联度高的生产者服务业，通过服务业国际直接投资的产业关联效应以及技术变迁效应，促进服务业就业岗位的增加，充分利用服务业国际直接投资对广东产生的正的长期就业效应。

第三，建立健全的社会保障制度，完善失业救济体系，畅通就业信息发布渠道，完善就业信息收集、发布等就业服务体系，规范就业中介行为，培育成熟的服务业劳动力市场，积极促进下岗职工再就业，在制度上保障服务业劳动力市场的长期健康稳定。

七　利用服务业国际直接投资促进服务业工资水平的提升

职工工资水平是体现人民群众就业质量的重要因素。鉴于服务业国际直接投资有利于服务业整体工资水平的提升，首先，政府应坚定实行服务业对外开放政策，利用服务业国际直接投资提升广东服务业就业人员的整体工资水平，促进服务业从业人员就业质量的改善与生活水平的提高。其次，有序扩大生产者服务业对外开放、积极吸收生产者服务业国际直接投资，不但能够引进竞争机制，促进生产者服务业的健康快速发展，还能够促进生产者服务业职工实际工资水平的提升。毋庸置疑，生产者服务业是今后广东服务业的重要发展方向，也是广东调整产业布局的重要着力点。在发展生产者服务业过程中，如何积极、合理、有效地利用外资将成为一个重要的课题。最后，通过相关政策导向以及制度安排，优化服务业国际直接投资的行业布局，积极引导国际直接投资流入生产者服务行业，提高服务业利用国际直接投资的质量，促进广东服务业内部结构的优化升级以及服务业整体竞争力的提升。

参考文献

《马克思恩格斯全集》(第22卷),人民出版社1965年版。

白露、王向阳:《FDI技术溢出机理及对策研究》,《工业技术经济》2009年第5期。

蔡宏波、刘杜若、张明志:《外商直接投资与服务业工资差距——基于中国城镇个人与行业匹配数据的实证分析》,《南开经济研究》2015年第4期。

查冬兰、吴晓兰:《服务业外国直接投资对服务业各行业经济增长的影响分析——以江苏省为例》,《国际贸易问题》2006年第11期。

查贵勇:《服务业FDI流入的产业结构效应分析——基于中日的比较分析》,《创新》2014年第2期。

查贵勇:《中国服务业FDI就业数量和质量效应分析》,《江苏商论》2009年第12期。

陈超、姚利民:《FDI对长三角制造业收入差距影响的实证分析》,《国际贸易问题》2007年第8期。

陈冬亚:《西部地区外商直接投资的就业效应研究》,硕士学位论文,兰州大学,2008年。

陈继勇、盛杨怿:《外国直接投资与我国产业结构调整的实证研究——基于资本供给和知识溢出的视角》,《国际贸易问题》2009年第1期。

陈景华：《承接服务业跨国转移的效应分析——理论与实证》，《世界经济研究》2010 年第 1 期。

陈景华：《服务业 FDI 与东道国服务经济增长研究——基于中国数据的实证检验》，《山东财政学院学报》2013 年第 4 期。

陈凯：《中国服务业内部结构变动的影响因素分析》，《财贸经济》2006 年第 10 期。

陈莉：《FDI 对江苏服务业结构优化的影响分析》，硕士学位论文，江南大学，2010 年。

陈娜：《服务业外商直接投资与中国服务业技术效率增进——基于随机前沿模型的省际数据分析》，《探求》2012 年第 5 期。

陈涛涛：《外商直接投资的行业内溢出效应》，经济科学出版社 2004 年版。

陈望远、李仲飞、蔡武：《汇率传递与出口商品策略定价能力研究——基于面板随机系数模型的分析》，《中国经济问题》2012 年第 2 期。

陈艳莹、王周玉：《生产者服务业外商直接投资的影响因素——中国省份面板数据的实证研究》，《产业经济研究》2011 年第 4 期。

陈怡、周曙东、王洪亮：《外商直接投资对我国收入差距的影响——基于制造业工资基尼系数的实证分析》，《世界经济研究》2009 年第 5 期。

陈湛匀、忻蔚：《外商直接投资对中国服务业转移行为的模型分析》，《世界经济研究》2007 年第 8 期。

程大中：《中国服务业的增长与技术进步》，《世界经济》2003 年第 7 期。

崔日明、张志明：《服务业 FDI 与我国服务业结构优化：机理分析与实证研究》，《辽宁大学学报》（哲学社会科学版）2012 年第 1 期。

戴枫：《中国服务业发展与外商直接投资关系的实证研究》，《国际贸易问题》2005 年第 3 期。

戴枫、赵曙东：《生产者服务业 FDI 与东道国工资差距：理论与实证》，

《世界经济研究》2009 年第 4 期。

杜传忠、郭树龙：《中国产业结构升级的影响因素分析——兼论后金融危机时代中国产业结构升级的思路》，《广东社会科学》2011 年第 4 期。

段文斌、余泳泽：《FDI 资本挤入（挤出）效应的内在机制及其"门槛特征"研究——理论推导与面板门限实证检验》，《南开经济研究》2012 年第 6 期。

樊纲、王小鲁、张立文、朱恒鹏：《中国各地区市场化相对进程报告》，《经济研究》2003 年第 3 期。

范言慧、郑建明、李哲：《FDI 流入对我国工资差距的影响——一个倒 U 形关系的形成、弱化及其解释》，《财经科学》2009 年第 4 期。

方慧、魏文菁：《中国服务业 FDI 与服务业结构优化的实证研究》，《山东财政学院学报》2014 年第 3 期。

傅强、王静：《我国服务业 FDI 结构、技术进步与经济增长》，《工业技术经济》2014 年第 9 期。

傅元海、唐未兵、王展祥：《FDI 溢出机制、技术进步路径与经济增长绩效》，《经济研究》2010 年第 6 期。

高远东、陈迅：《FDI 对中国区域产业结构调整作用的差异化分析——基于东、中、西部面板数据的实证研究》，《软科学》2010 年第 9 期。

龚晓莺、杨小勇、王朝科：《国际贸易与国际直接投资的三种关系——芒德尔贸易与投资替代模型引发的思考》，《国际商务》2006 年第 4 期。

韩玉军、王丽、撒莉：《服务业 FDI 对出口技术复杂度的影响研究——基于 OECD 国家和中国的经验数据考察》，《国际商务》2016 年第 3 期。

何枫：《技术效率视角下我国服务业外资溢出效应研究》，《科研管理》2011 年第 7 期。

何青松、张培英、苑圣波：《生产者服务业 FDI 技术溢出效应的空间计量分析》，《经济问题》2012 年第 1 期。

胡国恒、宋跃刚：《中国服务业 FDI 的经济增长效应分析》，《商业时代》2013 年第 17 期。

黄卫平、方石玉：《生产者服务业外商直接投资与中国经济增长的实证分析》，《当代财经》2008 年第 4 期。

黄旭平、张明之：《外商直接投资对工资的影响：基于非平稳面板数据的实证分析》，《湘潭大学学报》（哲学社会科学版）2007 年第 5 期。

黄勇峰、任若恩、刘晓生：《中国制造业资本存量永续盘存法估计》，《经济学》（季刊）2002 年第 2 期。

黄志勇、许承明：《FDI 对江苏产业结构影响的实证分析——基于面板数据模型的研究》，《世界经济与政治论坛》2008 年第 3 期。

江静、刘志彪：《世界工厂的定位能促进中国生产者服务业发展吗》，《经济理论与经济管理》2010 年第 3 期。

姜建平、赵伊川：《SFDI 与中国服务业增长关系的实证分析》，《国际贸易问题》2007 年第 4 期。

姜泽华、白艳：《产业结构升级的内涵与影响因素分析》，《当代经济研究》2006 年第 10 期。

蒋萍、谷彬：《中国服务业 TFP 增长率分解与效率演进》，《数量经济技术经济研究》2009 年第 8 期。

矫萍：《生产者服务业 FDI 空间集聚的经济增长效应——基于省级面板数据的空间计量分析》，《对外经贸》2014 年第 8 期。

金戈：《中国基础设施资本存量估算》，《经济研究》2012 年第 4 期。

李剡、王景河：《服务业 FDI、技术溢出与地区吸收能力——基于非线性面板平滑转换模型》，《科技与经济》2016 年第 6 期。

李伟庆：《SFDI 与中国服务业结构优化的实证研究——基于行业面板

数据的分析》,《经济问题》2011 年第 3 期。

李文臣、刘超阳:《FDI 产业结构效应分析——基于中国的实证研究》,《改革与战略》2010 年第 2 期。

李小平、卢现祥、朱钟棣:《国际贸易、技术进步和中国工业行业的生产率增长》,《经济学》(季刊)2008 年第 2 期。

李雪辉、许罗丹:《FDI 对外资集中地区工资水平影响的实证研究》,《南开经济研究》2002 年第 2 期。

李杨、蔡卓哲、邱亮亮:《中国服务业 FDI 对就业影响的区域差异——基于 25 个省市数据的实证研究》,《人口与经济》2017 年第 1 期。

刘庆林、廉凯:《服务业国际转移经济效应分析:中国数据的验证》,《产业经济评论》2009 年第 1 期。

刘兴凯、张诚:《中国服务业全要素生产率增长及其收敛分析》,《数量经济技术经济研究》2010 年第 3 期。

刘星、赵红、张茜:《外商直接投资对中国服务业技术进步影响的实证研究》,《重庆大学学报》(社会科学版)2007 年第 1 期。

刘艳:《服务业 FDI 的技术溢出与中国服务业生产率增长》,《国际商务研究》2012 年第 1 期。

刘艳:《生产者服务业 FDI 与我国技术进步关系的实证分析:1983—2008》,《上海经济研究》2011 年第 3 期。

刘艳:《中国服务业 FDI 的技术溢出研究》,博士学位论文,暨南大学,2010 年。

刘振宇、王博:《FDI、客户追随与外资银行进入:来自中国的实证研究》,《经济学动态》2007 年第 2 期。

刘志中:《辽宁服务业 FDI 对经济增长贡献的实证研究》,《辽宁大学学报》(哲学社会科学版)2010 年第 1 期。

刘志中:《中国服务业利用 FDI 的就业效应研究》,《技术经济与管理研究》2011 年第 1 期。

柳德荣：《区域经济因素对外商在华直接投资区位选择的影响》，《中南大学学报》（社会科学版）2005 年第 2 期。

陆铭、向宽虎：《地理与服务业——内需是否会使城市体系分散化？》，《经济学》（季刊）2012 年第 3 期。

吕立才、黄祖辉：《动因和决定因素：外商直接投资理论研究评述》，《重庆大学学报》（社会科学版）2007 年第 1 期。

罗长远：《FDI 与国内资本：挤出还是挤入》，《经济学》（季刊）2007 年第 2 期。

马元、刘婧：《服务业外国直接投资与天津市经济增长关系的实证分析》，《国际贸易问题》2008 年第 9 期。

毛日昇：《劳动力供给、生产率与外商直接投资工资外溢效应》，《南方经济》2012 年第 7 期。

缪红杰：《外商直接投资对中国服务业内部结构影响研究》，硕士学位论文，吉林大学，2011 年。

聂爱云、陆长平：《制度约束、外商投资与产业结构升级调整——基于省际面板数据的实证研究》，《国际贸易问题》2012 年第 2 期。

潘璐：《中国长三角区域 FDI 城际溢出效应研究》，《国际经贸探索》2011 年第 12 期。

秦柳：《外商直接投资对安徽产业结构影响的实证分析》，《数理统计与管理》2009 年第 5 期。

桑百川：《外商直接投资企业对我国的就业贡献》，《开放导报》1999 年第 4 期。

桑瑞聪、彭飞、熊宇：《服务业 FDI、产业共同集聚与地区生产率》，《现代经济探讨》2017 年第 6 期。

沙文兵、陶爱萍：《外商直接投资的就业效应分析——基于协整理论的实证分析》，《财经科学》2007 年第 4 期。

邵锋祥、袁晓玲：《FDI 与经济增长、国内资本及劳动力作用机理》，《商业研究》2010 年第 4 期。

孙楚仁、文娟、朱钟棣：《外商直接投资与我国地区工资差异的实证研究》，《世界经济研究》2008 年第 2 期。

孙俊：《中国 FDI 地点选择的因素分析》，《经济学》（季刊）2002 年第 3 期。

孙中栋：《FDI 对我国区域经济增长的作用机制研究》，硕士学位论文，湘潭大学，2007 年。

谭蓉娟、秦陇一：《珠三角服务业外商直接投资的经济增长效应》，《国际经贸探索》2009 年第 12 期。

万欣荣、史卫、方小军：《外国直接投资的就业效应实证分析——以广东省就业市场为例》，《南开管理评论》2005 年第 2 期。

王艾敏：《FDI 对新型服务业技术溢出渠道的实证研究——以河南省为例》，《南京农业大学学报》（社会科学版）2009 年第 3 期。

王长义：《服务业外商直接投资对我国经济增长影响的实证分析》，《山东财经大学学报》2015 年第 5 期。

王春艳、程健、代玉簪：《服务业进口贸易和 FDI 对就业的影响效应研究——世界 30 国的实证检验》，《技术经济与管理研究》2017 年第 4 期。

王剑：《外国直接投资对中国就业效应的测算》，《统计研究》2005 年第 3 期。

王晶晶：《服务业 FDI 对东道国全要素生产率的溢出效应——基于 OECD 国家面板数据的门限回归分析》，《国际经贸探索》2014 年第 9 期。

王军、刘璐：《FDI 对中国服务业增长效应的实证研究》，《黑龙江社会科学》2015 年第 1 期。

王恕立、胡宗彪：《服务业双向 FDI 的生产率效应研究——基于人力资本的面板门槛模型估计》，《财经研究》2013 年第 11 期。

王恕立、胡宗彪：《中国服务业分行业生产率变迁及异质性考察》，《经济研究》2012 年第 4 期。

王恕立、滕泽伟：《FDI 流入、要素再配置效应与中国服务业生产率——基于分行业的经验研究》，《国际贸易问题》2015 年第 4 期。

王恕立、王许亮：《服务业 FDI 提高了绿色全要素生产率吗——基于中国省际面板数据的实证研究》，《国际贸易问题》2017 年第 12 期。

王晞：《跨国银行进入中国决定因素的实证分析》，《金融研究》2005 年第 8 期。

王小洁、李磊、刘鹏程：《外资进入、劳动收入份额与技能工资溢价——来自 2008 年服务业企业普查数据的经验分析》，《商业经济与管理》2015 年第 2 期。

王小平：《中国服务业利用外资的实证分析》，《财贸经济》2005 年第 9 期。

王新华：《我国服务业外商直接投资的经济增长效应——基于 9 个行业面板数据的实证研究》，《国际贸易问题》2007 年第 9 期。

王新华：《我国服务业外商直接投资的决定因素——基于岭回归的实证研究》，《武汉工业学院学报》2008 年第 1 期。

王耀中、欧阳彪：《服务业 FDI、技术进步与产业安全——基于分位数回归方法的经验研究》，《湖南大学学报》（社会科学版）2016 年第 2 期。

魏刚、谢臻：《服务业 FDI 对服务业发展与产业结构优化的影响——以北京为例的实证研究》，《河南工程学院学报》（社会科学版）2008 年第 4 期。

魏作磊：《FDI 对我国三次产业结构演变的影响——兼论我国服务业增加值比重偏低现象》，《经济学家》2006 年第 3 期。

吴静：《服务业 FDI 与区域经济增长关系研究——基于长三角地区数据的实证分析》，《审计与经济研究》2007 年第 2 期。

肖文、林高榜：《FDI 流入与服务业市场结构变迁——典型行业的比较研究》,《国际贸易问题》2009 年第 2 期。

徐宏毅、黄岷江、李程、徐珊:《生产者服务业 FDI 生产率溢出效应的实证研究》,《管理评论》2016 年第 1 期。

薛敬孝、韩燕:《服务业 FDI 对我国就业的影响》,《南开学报》(哲学社会科学版)2006 年第 2 期。

杨春妮:《对华服务业直接投资对产业结构升级和人力资本积累的有限性》,《现代财经》2009 年第 9 期。

杨海生、聂海峰、徐现祥:《我国 FDI 区位选择中的"第三方效应"——基于空间面板数据的实证研究》,《数量经济技术经济研究》2010 年第 4 期。

杨向阳、徐翔:《中国服务业全要素生产率增长的实证分析》,《经济学家》2006 年第 3 期。

杨扬、余壮雄、王美今:《FDI 对中国就业效应的检验》,《经济学家》2009 年第 5 期。

杨勇:《中国服务业全要素生产率再测算》,《世界经济》2008 年第 10 期。

杨泽文、杨全发:《FDI 对中国实际工资水平的影响》,《世界经济》2004 年第 12 期。

杨泽文、杨全发:《FDI 与实际工资:我国分地区分行业的实证分析》,《南开经济研究》2004 年第 1 期。

姚战琪:《服务业外商直接投资与经济增长——基于中国的实证研究》,《财贸经济》2012 年第 6 期。

于诚、周山人:《服务业 FDI 扩大了中国服务业相对工资差距吗?——基于省级动态面板数据的分析》,《经济经纬》2016 年第 1 期。

原小能、杨向阳:《服务业外商直接投资的生产率效应与行业差异》,《经济经纬》2014 年第 2 期。

原毅军、刘浩、白楠:《中国生产者服务业全要素生产率测度——基于非参数 Malmquist 指数方法的研究》,《中国软科学》2009 年第

1 期。

曾国平、张清翠：《FDI 推动服务业经济增长的实证分析——基于西部 9 省市的面板数据》，《财会月刊》（理论）2008 年第 9 期。

张诚、张艳蕾、张健敏：《跨国公司的技术溢出效应及其制约因素》，《南开经济研究》2001 年第 3 期。

张诚、赵奇伟：《中国服务业外商直接投资的区位选择因素分析》，《财经研究》2008 年第 12 期。

张海波：《外商直接投资对我国的工资效应分析——基于 1997—2006 年面板数据的实证研究》，《国际贸易问题》2009 年第 10 期。

张捷、张媛媛：《出口导向型发展模式与产业结构转型升级——以广东省为例》，《学术研究》2011 年第 7 期。

张军：《资本形成、工业化与经济增长：中国的转轨特征》2002 年第 6 期。

张军、吴桂英、张吉鹏：《中国省际物质资本存量估算：1952—2000》，《经济研究》2004 年第 10 期。

张如庆、时媛、刘国晖：《生产者服务业 FDI 对我国制造业技术溢出的渠道分析》，《经济问题探索》2014 年第 10 期。

张燕：《服务业 FDI 对北京市经济增长的影响研究》，硕士学位论文，湖南大学，2009 年。

张志明、崔日明：《服务贸易、服务业 FDI 与中国服务业就业结构优化——基于行业面板数据的实证检验》，《财经科学》2014 年第 3 期。

张志明、崔日明：《服务贸易、服务业 FDI 与中国服务业工资水平——基于行业面板数据的经验研究》，《国际贸易问题》2015 年第 8 期。

赵玉娟：《服务业 FDI、技术进步效应和经济增长》，《经济问题》2011 年第 3 期。

钟辉：《FDI 对中国就业影响的动态分析》，《世界经济研究》2005 年第 12 期。

钟晓君：《服务业 FDI 对我国服务业增长效应研究》，《技术经济与管理研究》2009 年第 4 期。

钟晓君：《服务业外商直接投资的影响因素：理论与实证研究》，《国际经贸探索》2015 年第 4 期。

钟晓君：《服务业外商直接投资与服务业结构升级：作用机理与实证研究》，《暨南学报》（哲学社会科学版）2015 年第 8 期。

钟晓君、李江涛：《服务业外商直接投资与服务业经济增长：理论与实证研究》，《国际商务研究》2016 年第 1 期。

钟晓君、刘德学：《服务业 FDI、职工工资与行业收入差距——以广东为例》，《国际经贸探索》2013 年第 3 期。

钟晓君、刘德学：《服务业 FDI 的资本效应：促进抑或挤出？》，《金融发展研究》2016 年第 4 期。

钟晓君、刘德学：《服务业 FDI 提升了国内服务业全要素生产率吗？——来自广东细分服务行业的证据》，《产经评论》2016 年第 3 期。

钟晓君、刘德学：《服务业外商投资的增长效应：细分服务行业视角》，《亚太经济》2014 年第 3 期。

钟晓君、刘德学：《服务业外商直接投资的技术效应：基于广东省数据的实证研究》，《国际商务》（对外经济贸易大学学报）2014 年第 1 期。

钟晓君、刘德学：《服务业外商直接投资的经济效应述评与展望》，《现代经济探讨》2016 年第 6 期。

钟晓君、刘德学：《广东服务业外商投资的就业效应研究》，《国际经贸探索》2011 年第 12 期。

钟晓君、刘德学：《经典对外直接投资理论对服务业的适用性研究》，《岭南学刊》2015 年第 5 期。

钟晓君、夏励嘉：《广东服务业利用外资的现状、问题与前景》，《广东开放大学学报》2015 年第 1 期。

钟晓君、谢林林:《广东服务业发展现状、问题及对策研究》,《岭南学刊》2014年第6期。

仲伟周、陈晨:《制度变迁、外商直接投资与服务业增长方式》,《财贸研究》2018年第1期。

周文博、樊秀峰、韩亚峰:《服务业FDI技术溢出与服务业全要素生产率增长——理论分析和基于中国的实证检验》,《华东经济管理》2013年第6期。

周新生、玉洁:《中国服务业FDI与服务出口技术复杂度相关性研究》,《国际经济合作》2017年第9期。

朱钟棣、李小平:《中国工业行业资本形成、全要素生产率变动及其趋异化:基于分行业面板数据的研究》,《世界经济》2005年第9期。

竺彩华、胡再勇:《在华FDI就业效应实证研究》,《国际经济合作》2007年第6期。

庄惠明、郑剑山:《中国服务业FDI的效应研究:基于技术溢出与竞争排斥视角》,《管理评论》2015年第2期。

庄丽娟:《国际服务贸易与经济增长的理论和实证研究》,中国经济出版社2007年版。

庄丽娟、陈翠兰:《FDI对广州服务业结构效应的实证分析》,《国际经贸探索》2008年第3期。

庄丽娟、贺梅英:《服务业利用外商直接投资对中国经济增长作用机理的实证研究》,《世界经济研究》2005年第8期。

邹琪、田露月:《FDI对中国服务业产业效应的实证分析》,《财经科学》2010年第11期。

Agosin M. R., Mayer R., Foreign Investment In Developing Countries, Does It Crowd in Domestic Investment, *UNCTAD Discussion Papers*, No. 146, 2000.

Aitken B., Hanson G. H., Harrison A. E., Spillovers, Foreign Investment, and Export Behavior, *Journal of International Economics*, 1997, 43 (1 – 2): 103 – 132.

Aitken B., Harrison A., Do Domestic Firms Benefit from Direct Foreign Investment? *American Economic Review*, 1999, 89 (3): 605 – 618.

Aitken B., Harrison A., Lipsey R. E., Wages and Foreign Ownership, A Comparative Study of Mexico, Venezuela, and the United States, *Journal of International Economics*, 1996, (40): 345 – 371.

Aleksandra R., Contrasting the Dynamic Patterns of Manufacturing and Service FDI: Evidence from Transition Economies, *Department of Economics Working Paper Series*, No. 117, 2008.

Alfaro L., *Foreign Direct Investment and Growth: Does the Sector Matter*? Harvard Business School, 2003.

Amiti M., Wei S., Service Offshoring and Productivity: Evidence from the United States, *NBER Working Paper*, No. 11926, 2006.

Banga R., Goldar B., Contribution of Services to Output Growth Productivity in Indian Manufacturing: Pre and Post Reforms, *ICRIER Working Paper*, No. 139, 2004, August.

Barone G., Cingano F., Service Regulation and Growth: Evidence from OECD Countries, *The Economic Journal*, 2011, 121 (555): 931 – 957.

Barro R. J., Lee J. W., A New Data Set of Educational Attainment in the World, 1950—2010, *NBER Working Paper*, No. 15902, 2010.

Barry F., Gorg H., Strobl E., Foreign Direct Investment and Wages in Domestic Firms in Ireland: Productivity Spillovers versus Labor-Market Crowding out, *International Journal of the Economics of Business*, 2005, 12 (1): 67 – 84.

Baumol W. J., Macroeconomics of Unbalanced Growth: The Anatomy of Urban Crises, *The American Economic Review*, 1967, 57 (3): 415 – 426.

Blalock G., Gertler P. J., *Technology from Foreign Direct Investment Welfare Gains through the Supply Chain*, Department of Applied Economics and Mangement, Cornell University, Mimeo, 2003.

Blind K., Jungmittag A., Foreign Direct Investment, Imports and Innovations in the Service Industry, *Review of Industrial Organization*, 2004, 25 (2): 205 – 227.

Blomstrom M., Lipsey R., Zejan M., What Explains Developing Country Growth? In: Baumol W. J., Nelson R., Wolff E. N. (Eds.), *Convergence of Productivity: Cross-National Studies and Historical Evidence*, 1994, 243 – 259.

Blonigen B. A., Slaughter M. J., Foreign-Affiliate Activity And U. S. Skill Upgrading, *The Review of Economics and Statistics*, 2001, 83 (2): 362 – 376.

Borensztein E., De Gregorio J., Lee J., How does Foreign Direct Investment Affect Economic Growth? *Journal of International Economics*, 1998, 45 (1): 115 – 135.

Cass D., Optimum Growth in an Aggregative Model of Capital Accumulation, *The Review of Economic Studies*, 1965, 32 (3): 233 – 240.

Caves R. E., Industrial Corporations: the Industrial Economics of Foreign Investment, *Econometrica*, 1974, 141 (38): 1 – 27.

Caves R. E., Multinational Firms, Competition and Productivity in Host-Country Markets, *Economica*, 1974, 41 (162): 176 – 193.

Chaturvedi I., Role of FDI in Economic Development of India: Sectoral Analysis, *International Conference on Technology and Business Management*, March 28 – 30, 2011.

Chen C., Yu C. J., FDI, Export, and Capital Structure: an Agency Theory Perspective, *Management International Review*, 2011, 51 (3):

295 – 320.

Chenery H. B., Strout A. M., Foreign Assistance and Economic Development, *The American Economic Review*, 1966, 56 (4): 679 – 733.

Cohen W., Bessant J., Kaplimsky R., Putting Supply Chain Learning into Practice, *International Journal of Operation and Production Management*, 2002, 23 (2): 167 – 184.

Crinò R., Service Offshoring and White-Collar Employment, *Review of Economic Studies*, 2010, 77 (2): 595 – 632.

Das S. P., Foreign Direct Investment and the Relative Wage in a Developing Economy, *Journal of Development Economics*, 2002, 67, 55 – 77.

Doytch N., Uctum M., Does the Worldwide shift of FDI from Manufacturing to Services Accelerate Economic Growth? A GMM Estimation Study, *Journal of International Money and Finance*, 2011, 30 (3): 410 – 427.

Driffield N., Girma S., Regional Foreign Direct Investment and Wage Spillovers: Plant Level Evidence from the UK Electronics Industry, *Oxford Bulletin of Economics and Statistics*, 2003, 65 (4): 453 – 474.

Ernst C., The FDI-employment Link in a Globalizing World: The Case of Argentina, Brazil and Mexico, *Employment Strategy Papers*, 2005.

Ernst C., *The FDI-employment Link in a Globalizing World: The Case of Argentina, Brazil and Mexico*, International Labour Office, Employment Strategy Paper, 2005, 17.

Eschenbach F., Hoekman B., Services Policy Reform and Economic Growth in Transition Economies, *Review of World Economics*, 2006, 142 (4): 746 – 764.

Fajnzylber P., Fernandes A. M., International Economic Activities and Skilled Labor Demand: Evidence from Brazil and China, *Applied Economics*, 2009, 41 (5): 563 – 577.

Feenstra R. C., Hanson G. H., Foreign Direct Investment and Relative Wages: Evidence from Mexico's Maquiladoras, *Journal of International Economics*, 1997, (42): 371–393.

Fernandes A. M., Paunov C., Foreign Direct Investment in Services and Manufacturing Productivity: Evidence for Chile, *Journal of Development Economics*, 2012, 97 (2): 305–321.

Fernandes A. M., Structure and Performance of the Service Sector in Transition Economies, *Economics of Transition*, 2009, 17 (3): 467–501.

Figini P., Görg H., Multinational Companies and Wage Inequality in the Host Country: the Case of Ireland, *Review of World Economics*, 1999, 135 (4): 594–612.

Findlay R., Relative Backwardness, Direct Foreign Investment, and the Transfer of Technology: A Simple Dynamic Model, *Quarterly Journal of Economics*, Vol. XCII, No. 1: 1–16, 1978.

Francois J. F., Trade in Producer Services and Returns Due to Specialization under Monopolistic, *The Canadian Journal of Economies*, 1990, 23 (1): 109–124.

Fuchs V. R., The Growing Importance of the Service Industries, *The Journal of Business*, 1965, 38 (4): 344–373.

Ge Y., The Effect of Foreign Direct Investment on the Urban Wage in China: An Empirical Evidence, *Urban Studies*, 2006, 43 (9): 1439–1450.

Goldsmith R., *A Perpetual Inventory of National Wealth*, NBER Studies in Income and Wealth, Vol. 14, No. 1143, 1951.

Goldsmith R. W., *Financial Structure and Development*, New Haven, CT: Yale U. Press, 1969.

Gorg H., Strobl E., Multinational Companies and Productivity Spillovers: a Meta Analysis, *Economic Journal*, 2001, 111 (475): 723–739.

Gouyette C., Perelman S., Productivity Convergence in OECD Service Industries, *Structure Change and Economic Dynamics*, 1997, 8 (3): 279 – 295.

Graham E. M., *Fighting the Wrong Enemy: Antiglobal Activists and Multinational Enterprises*, Peterson Institute, 2000.

Gray J. M., Gray H. P., The Multinational Bank: a Financial MNC? *Journal of Banking and Finance*, 1981, (5): 33 – 63.

Griffith R., Redding S., Simpson H., Foreign Ownership and Productivity: New Evidence from the Service Sector and the R & D Lab, *Oxford Review of Economic Policy*, 2004, 20 (3): 440 – 456.

Hale G., Long C., Are There Productivity Spillovers from Foreign Direct Investment in China? *Pacific Economic Review*, 2011, 16 (2): 135 – 153.

Hale G., Long C., *Did Foreign Direct Investment Put an Upward Pressure on Wages in China*? May, 2008, Federal Reserve Bank of San Francisco Working Paper Series, 2006 – 25.

Harberger A., Perspectives on Capital and Technology in Less Developed Countries, In Artis, M. J. and A. R. Nobay (eds.), *Contemporary Economic Analysis*, London: Croom Helm, 1978, 69 – 151.

Haskel J. E., Pereira S. C., Slaughter M. J., Does Inward Foreign Direct Investment Boost Productivity of Domestic Firms? *Review of Economics and Statistics*, 2007, 89 (3): 482 – 496.

Heyman F., Sjoholm F., Tingvall P. G., Is There Really a Foreign Ownership Wage Premium? Evidence from Matched Employer-Employee Data, *Journal of International Economics*, 2007, (73): 355 – 376.

Hofmann P., *The Impact of International Trade and FDI on Economic Growth and Technological Change*, Springer Heidelberg New York Dordrecht London, 2013.

Jayaraman T. K., Singh B., *Foreign Direct Investment and Employment Creation in Pacific Island Countries: An empirical study of Fiji*, Asia-Pacific Research and Training Network on Trade Working Paper Series, No. 35, May, 2007.

Jensen J., Kletzer L., *Tradable Services: Understanding the Scope and Impact of Service Offshoring*, in Brainard, L., and S. Collins (eds), Offshoring White-Collar Work-The Issues and the Implications, Washington, D. C.: Brookings Trade Form, 2005, 75 – 233.

Jensen J., Rutherford T., Tarr D., The Impact of Liberalizing Barriers to Foreign Direct Investment in Services: The Case of Russian Accession to the World Trade Organization, *Review of Development Economics*, 2007, 11 (3): 482 – 506.

Johansen S., Statistical analysis of cointegration vectors, *Journal of Economic Dynamics and Control*, 1988, 12 (2 – 3): 231 – 254.

Jones R. S., *Boosting Productivity in Korea's Service Sector*, OECD Economics Department Working Papers, No. 673, 2009.

Jones R. W., Ruane F., Appraising the Options for International Trade in Services, *Oxford Economic Papers*, 1990, 42: 672 – 687.

Jordaan J. A., Cross-sectional estimation of FDI spillovers when FDI is endogenous: OLS and IV Estimates for Mexican Manufacturing Industries, *Applied Economics*, 2011, 43 (19): 2451 – 2463.

Karpaty P., Productivity Effects of Foreign Acquisitions in Swedish Manufacturing: The FDI Productivity Issue Revisited, *International Journal of the Economics of Business*, 2007, 14 (2): 241 – 260.

Kohpaiboon A., Foreign Direct Investment and Technology Spillover: A Cross-industry Analysis of Thai Manufacturing, *World Development*, 2006, 34 (3): 541 – 556.

Kokko A., Tansini R., Zejan M., Local Technological Capability and Spillovers from FDI in the Uruguayan Manufacturing Sector, *Journal of Development Studies*, 1996, 32 (4): 602 – 611.

Kokko A., Technology, Market Characteristics, and Spillovers, *Journal of Development Economics*, 1994, 43 (2): 279 – 293.

Konan D. E., Maskus K. E., Quantifying the Impact of Services Liberalization in a Developing Country, *Journal of Development Economics*, 2006, 81 (1): 142 – 162.

Koopmans T. C., *On the Concept of Optimal Economic Growth*, Cowles Fouindation Paper 238. Reprinted from Academiae Scientiarum Scripta Varia 28, 1, 1965.

Kulfas M., Porta F., Ramos A., *Inversión Extranjeray empresas Transnacionales en la Economía Argentina*, Serie Estudiosy Perspectivas, No. 10, 2002 (ECLAC, Buenos Aires).

Lall S., Transnationals, Domestic Enterprises and Industrial Structure in LDCs: A Survey, *Oxford Economic Papers*, 1978, 30 (2): 217 – 248.

Lee J. W., Hong K., Economic Growth in Asia: Determinants and Prospects, *Japan and the World Economy*, Article in Press, 2012.

Li J., Guisinger S., The Globalization of Service Multinationals in the "Triad" Regions: Japan, Western Europe and North America, *Journal of International Business Studies*, 1992, 23 (4): 675 – 696.

Lipsey R. E., *Foreign Direct Investment, Growth, and Competitiveness in Developing Countries*, In: Cornelius, P. (Ed.), The Global Competitiveness Report, 2002—2003, Oxford University Press, New York, 2003.

Lipsey R. E., Home-and Host-country Effects of Foreign Direct Investment, In: Baldwin R. E., Winters L. A. (Eds.), *Challenges to Globaliza-*

tion, University of Chicago Press, Chicago, 2004.

Lipsey R. E., Sjoholm F., *Foreign Direct Investment and Wages in Indonesian Manufacturing*, NBER Working Paper Series 8299, May, 2001.

Lovelock C. H., George S. Y., Developing Global Strategies for Service Business, *California Management Review*, 1996, 38 (2): 64 – 86.

Lucas R. E., On the Mechanics of Economic Development, *Journal of Monetary Economics*, 1988, (22): 3 – 42.

Markusen J. R., Trade in Producer Services and in Other Specialized Intermediate Inputs, *American Economic Review*, 1989, 79 (1): 85 – 95.

Markusen J. R., Venables A. J., Foreign Direct Investment as a Catalyst for Industrial Development, *NBER Working Paper*, No. 6241, 1997.

Mattoo A., Rathindran R., Subramanian A., Measuring Services Trade Liberalization and its Impact on Economic Growth: An Illustration, *Journal of Economic Integration*, 2006, 21 (1): 64 – 98.

McAleese D., McDonald D., Employment Growth and Development of Linkages in Foreign-Owned and Domestic Manufacturing Enterprises, *Oxford Bulletin of Economics and Statistics*, 1978, 40 (4): 321 – 339.

Mickiewicz T., Radosevic S., Varblane U., *The Value of Diversity: Foreign Direct Investment and Employment in Central Europe During Economic Recovery*, One-Europe Programme, 2000.

Mirodout S., The Linkages Between Open Services Markets and Technology Transfer, *OECD Trade Policy Working Paper*, No. 29, 2006.

Nandi T. K., Sahu R., Foreign Direct Investment in India with Special Focus on Retail trade, *Journal of International Trade Law and Policy*, 2007, 6 (2): 40 – 53.

Nunnenkamp P., Bremont J. E. A., Waldkirch A., FDI in Mexico: an Empirical Assessment of Employment Effects, *Kiel Working Paper*,

No. 1328, 2007.

OECD, The Linkages between Open Services Markets and Technology Transfer, *OECD Trade Policy Papers*, No. 29, OECD Publishing, 2006.

Pesaran H. H., Shin Y., Generalized Impulse Response Analysis in Linear Multivariate Models, *Economics Letters*, 1998, 58 (1): 17 - 29.

Romer P. M., Increasing Returns and Long-Run Growth, *The Journal of Political Economy*, 1986, 94 (5): 1002 - 1037.

Rostow W. W., *The Stages of Economic Growth*, Cambridge University Press, 1960.

Ruane F., Ugur A., Foreign Direct Investment and Productivity Spillovers in Irish Manufacturing Industry: Evidence from Plant Level Panel Data, *International Journal of the Economics of Business*, 2005, 12 (1): 53 - 66.

Sen C., FDI in the Service Sector-Propagator of Growth for India? *MPRA Paper*, No. 30574, May, 2011.

Sirari A. S., Bohra N. S., Foreign Direct Investment (FDI) in India Service Sector (A Study of Post Liberalization), *International Journal of Economics and Research*, 2011, 2 (2): 10 - 18.

Solow R. M., A contribution to the Theory of Economic Growth, *The Quarterly Journal of Economics*, 1956, 70 (1): 65 - 94.

Sun S., Foreign Direct Investment and Technology Spillovers in China's Manufacturing Sector, *Chinese Economy*, 2011, 44 (2): 25 - 42.

Swamy P. A. V. B., Efficient Inference in a Random Coefficient Regression Model, *Econometrica*, 1970, 38 (2): 311 - 323.

Swan T. W., Economic Growth and Capital Accumulation, *Economic Record*, 1956, 32 (2): 334 - 361.

Taylor K., Driffield N., Wage Inequality and the Role of Multinationals: Evidence from UK Panel Data, *Labour Economics*, 2005, (12): 223 – 249.

Thurow L., Toward a High Wage, High-Productivity Service Sector, *Economic Policy Institute Working Paper*, 1989.

UNCTAD, *World investment report* 2004: *The Shift Towards Service*, New York: United Nations Publication, 2004.

Wang J., Blomstrom M., Foreign Investment and Technology Transfer-A Simple Model, *European Economic Review*, 1992, 36 (1): 137 – 155.

Weinstein A. K., Foreign Investment by Service Firms: The Case of the Multinational Advertising Agency, *Journal of International Business Studies*, 1977, (8): 83 – 92.

Whalley J., Xin X., China's FDI and non-FDI Economies and the Sustainability of Future High Chinese Growth, *China Economic Review*, 2010, 21 (1): 123 – 135.

Wu Y. R., China's Capital Stock Series by Region and Sector, Business School, University of Western Australia, *Discussion Paper*, No. 09. 02, 2009.

Yamori Nobuyoshi, A Note on the Location Choice of Multinational Banks: The Case of Japanese Financial Institutions, *Journal of Banking & Finance*, 1998, 22 (1): 109 – 120.

Yeaple S. R., Offshoring, Foreign Direct Investment, and the Structure of US Trade, *Journal of the European Economic Association*, 2006, 4 (2 – 3): 602 – 611.

Zhang, Does Foreign Direct Investment Promote Economic Growth? Evidence from East Asia and Latin America, *Contemporary Economic Policy*, 2007, 19 (2): 175 – 185.

Zhao Y., Foreign Direct Investment and Relative Wages: the Case of China, *China Economic Review*, 2001, (12): 40 – 57.